영성 학교 1
— 영성, 그 놀라운 세계

영성 학교 1
— 영성, 그 놀라운 세계

김화영 지음

나다북스

감사의 글

이 책이 나오기까지 공동체 식구들의 수고와 헌신이 있었습니다. 여러 가지 어려움 중에도 기쁨으로 함께 해 준 소중한 이들에게 깊은 감사를 표합니다.

강의록을 보완하고 구조를 세우는 데 좋은 의견을 제시해 주신 장혜선 목사님, 문서 사역을 향한 열정과 도전으로 정성어린 편집과 교정을 담당해 준 박연숙 집사님, 디자인 편집을 도와 준 이영우 자매님, 류동근, 윤잔디에게 깊은 감사의 마음을 전합니다. 지치지 않도록 독려하며 책이 아름다운 감각을 가지도록 아이디어를 제공해 준 김계수 전도사님, 세밀한 교열과 교정으로 내용을 풍성하고 정확하게 해 주신 이대봉 집사님, 박형근 형제님, 우하영, 박혜원, 아름다운 디자인을 위해 애써 준 동생 김태은 디자이너에게도 사랑을 표합니다.

그외에도 늘 지지해 주고 분에 넘치는 사랑과 헌신으로 동행하는 공동체 식구들, 가르침과 배움을 통해 더욱 풍성한 내용으로 발전하게 해 준 아카데미 수강생 여러분들, 말없이 기도하고 도와 주는 사랑하는 가족들에게도 감사를 표합니다. 이 모든 과정 가운데 함께 계시며 인도하신 하나님께 감사와 찬미를 드립니다.

짜임새

감사의 글

말마루

이 책의 구성

첫 번째 만남 | 마음을 열고 나누다 14
- 환대와 개방의 공간 만들기 17
- 부드럽고 솔직하게 소통하기 20
- 가르침과 배움의 방식 29
- 영성 일기 쓰는 법 33

두 번째 만남 | 영성의 두 길 42
- 합일을 강조하는 영성 46
- 임재를 강조하는 영성 55
- 나의 삶에 적용하기 61

세 번째 만남 | 영성의 새로운 길 68
- 영성의 새로운 길 73
- 부르신 자리에서 갈망을 갖고 성장하기 78

네 번째 만남 | 지금 여기, 나, 없이 있음을 살아가기 90
- 지금, 여기, 주체로 서기 94
- 없이 있음의 세계 97
- 없이 있음의 삶으로 105

다섯 번째 만남 | 오직(sola)의 영성으로
　　　　　　　　살아가기 110
- **종교개혁 영성의 의미** 114
- **실상의 세계와 식별** 121

여섯 번째 만남 | 삼위일체 하나님과 나 130
- **신성과 삼위일체** 133
- **믿음의 균형과 돌파** 143

일곱 번째 만남 | 하나님과 나, 세계의 관계도 154
- **1-6강의 내용을 돌아보며 나의 믿음 성찰하기** 157
- **하나님-나-세계의 관계도 그리기** 158

영성학교 커리큘럼 164

말마루

김용택 시인의 〈쓸쓸하고 쓸쓸하여 사랑을 하고〉중에서 '그랬다지요'라는 시가 있습니다.

>이게 아닌데
>이게 아닌데
>
>사는 게 이게 아닌데
>
>이러는 동안
>어느새 봄이 와서 꽃은 피어납니다
>
>이게 아닌데
>이게 아닌데
>그러는 동안 봄이 가며
>꽃이 집니다
>
>그러면서
>그러면서 사람들은 살았다지요
>그랬다지요

이 시대의 소리꾼 장사익 님이 이 시를 노래로 불렀습니다. 그 노래를 처음 들은 날 저는 엉엉 울었습니다. '그래, 정말 사는 게 이게 아닌데…. 내가 이렇게 살고 싶은 게 아니었는데…. 이렇게 악다구니를 쓰며 살면서도 무엇 하나 제대로 이룬 것도 없이, 그렇다고 고귀하게 살지도 못하는 이런 삶을 살고 싶지는 않았는데….'

이 노래를 정말 가슴 아프도록 절절하게 부르는 장사익 님은 사십 육세가 될 때까지 노래 부르는 사람이 아니었답니다. 세상에나! 그렇게나 노래를 잘하는 사람이 오십이 다 될 때까지 자기가 정말 원하는 삶을 살지 못했다는 것입니다. 그래서인지 '이게 아닌데, 이게 아닌데…' 하면서 절규하는 그의 노래에는 애절하게 가슴을 파고드는 서정이 담겨있습니다.

'이게 아닌데…' 많은 하나님의 사람들이 이 멈춤의 신호를 알아듣는 것으로부터 새로운 삶을 시작하였습니다. 평범한 고등학교 교사였던 테레사를 위대한 돌봄의 어머니로 부른 소리, 방탕한 음유시인 프랜시스를 예수님을 가장 많이 닮은 영성가로 만들었던 소리, 나를 나답게 하고 눈을 뜨도록 만드는 하나님이 우리를 초대하는 소리, '이게 아닌데…'

문득 우리를 가리고 있던 눈의 비늘이 벗겨지면서 우리의 삶에 새로운 질문들이 생겨납니다. 물음은 언제나 자기 삶의 의미를 찾게 하는 영성의 첫 걸음이기 때문이지요.

> 나는 누구인가?
> 나는 지금 어디 있는가?
> 여기가 어디인가?
> 여기에 나는 누구로 있는가?
> 하나님이시요 그리스도이신 성령님은 이곳에 지금 누구로,
> 왜 나타났는가?
> 나는 왜 살고 있는가?
> 나는 지금 여기 왜, 무엇이 되어 나타났는가?

깨어있지 않으면 우리의 지평은 물物의 감옥과 동일시됩니다. 내가 만든 감옥, 세계가 만든 감옥과 말이지요. 그러나 깨어난 것은 더 이상 우리를 좌지우지하지 못합니다. 자기가 누구인지 모른 채 사는 것은 삶에 대한 모독이요, 우리를 지으신 하나님에 대한 모독입니다.

이 질문들에 대답하면서 살아가는 사람은 자신의 삶에 대해 진지합니다. 감사합니다. 흥이 납니다. 일할 때 힘이 들지 않습니다. 날이 가고 해가 가니 소문이 납니다. 여러분이 하는 일은 이렇게 절절하게 감사하고 감사한가요? 재미있나요? 이 지구별에 온 이유가 밝혀지고 있는 중인가요?

어떤 이는 자신이 원하는 것만을 추구하는 차원을 넘어 세계를 향한 해방과 구원이라는 더욱 큰 비전을 가지기도 했습니다. 마틴 루터 킹Martin Luther King Jr.은 '우리는 행복하기 위해서가 아니라 소명대로 살기 위해서 이 땅에 태어난 것'이라고 말했습니다. 그의 꿈은 이기적인 재능에 머무는 것이 아니라 하늘이 그 시대 속에서 원하는 하늘의 꿈과 연결되어 있었습니다. 그래서 그가 말할 때는 온 우주가 화답하였고, 사람들은 자기를 옥죄는 운명의 굴레에서 벗어나 자유를 꿈꾸며, 용기를 내어 자기가 하고 싶던 일을 찾아 그 꿈에 자신을 던졌던 것입니다. 그렇습니다. 우리에게는 존재의 이유가 있습니다. 그 일을 하면 신이 나고 힘든 줄 모르며 일은 저절로 잘 되고, 함께 하는 사람들은 축복을 받습니다. 우리는 그것을 소명의 자리 Calling Locus라고 부른답니다.

살다보면 삶에 대한 불꽃이 사그라지거나 아예 꺼지기 직전일 때가 있습니다. 살아야 하니 먹고, 피곤하니 자고, 남들 학교 가니 공부하고, 돈을 벌어야 하니 토익 공부하고, 학점 잘 받아서 직장에 다니고, 남들 결혼하니 결혼하고, 빚을 갚아야 하고, 자식 키우고, 집을 늘리고…. 그렇게 살다보니 내가 왜 사는지, 왜 살아야 하는지 잊어버립니다. 마음의 불은 완전히 꺼져버려서 삶은 깜깜하고 차갑습니다. 왜 그런지 마음이 공허합니다.

무엇 때문에 나는 행복하지 않을까? 어떤 관계들이 나를 지금처럼 살게 했을까? 더 나은 차원의 새로운 삶으로 가려면 무엇이 필요한 걸까? 나의 삶에는 어떤 매듭이 있고 어떤 상처와 장애가 있을까? 자유롭게 해방되어 하나님께로 훨훨 날아가지 못하게 하는 벽은 무엇일까? 나를 가로막는 고정관념과 상처와 갇혀있는 부분은 무엇이고, 하나님과 나 자신과 세계가 일치되는 길은 무엇일까? …. 이 책은 이러한 질문들을 함께 풀어가는 과정을 제공합니다.

먼저 우리는 이전의 삶을 구조화한 패러다임을 잘 알아차릴 수 있게 될 것입니다. 내 삶은 구조화되어 있습니다. 나를 움직이는 삶의 에너지는 어떻게 구성되어 있고 하나님과 나, 나와 다른 사람과의 관계는 어떻게 형성되어 있을까요? 그것은 어떤 식으로 되풀이되고 있고 어떻게 왜곡되어 있나요? 그런 잘못된 고리들을 어떻게 끊어야 할까요? 전체적인 조망과 비전 안에서 나의 리더십과 지도력은 어떻게 성장할 수 있을까요?

우리는 성서와 영성 전통을 이 시대의 언어로 새롭게 대화하며 재구성하여 그 해답을 추구할 것입니다. 영성학교의 각 장은 이 목적지로 가는 순례의 여정으로 인도하는 크고 작은 길목으로 구성되어 있습니다. 집중과 이완. 너무 빨리 걷지 않아도 좋습니다. 길목마다 종소리가 울리면 멈추어 서서 그곳을 경청과 환대와 나눔의 공간으로 만드십시오. 짧은 찬트식의 송가를 함께 반복해서 불러도 좋습니다. 이 책이 어두운 밤바다에서 빛을 비추는 등대가 되기를 기도합니다.

2012년 5월에
김화영

이 책의 구성

이끔말

성서의 말씀이나 영성가들의 사상과 교훈, 글들을 짧게 실었습니다. 우리의 생각이 하나님을 위한 작은 공간을 만들도록 멈추어 서서 잠깐 묵상하십시오.

영성의 지형도 그리기

길목 중에서 가장 긴 내용을 담고 있는 곳입니다. 길목이라기보다는 운동장이나 너른 풀밭처럼 편히 앉아서 집중하고 경청하는 곳이라고 할 수 있겠지요. 길벗들이 함께 읽고 안내자가 초점을 밝혀서 설명해 주거나, 안내자가 집중 강의를 한 후 마음에 와 닿는 부분을 함께 나누고 집에 돌아가서 조금씩 읽어도 좋습니다.

어떤 방식이든지 안내자와 공동체의 벗들에게 가장 효과적인 방식으로 진행하십시오. 강의 중에 흐트러진 시선과 마음을 다시 모으기 위해 중간중간 종을 치면, 잠시 멈추었다가 다시 시작합니다.

머물기

강의의 초점을 드러내어 묵상하기 좋은 말로 바꾼 것으로 침묵하며 배운 내용을 음미합니다.

나누기

　나눔을 통해 '우리 가운데 다양한 방식으로 거하시는' 하나님의 신비를 깨닫게 되는 시간입니다. 때로 하나님은 우리 중의 가장 어린 사람이나 늦된 자를 통해서도 말씀하십니다.

　서로 다른 기질과 성격, 경험에도 불구하고 부드럽고 솔직하게 나누는 경험을 통해 누구에게나 가까이 계시는 하나님을 체험하게 될 것입니다.

사랑의 기도

　만남의 내용을 하나님께 올려 드리는 기도의 공간입니다.

영성일기

　만남이 끝난 뒤 한 주간 있었던 삶을 중심으로 내면에서 일어나는 일들과 느낌을 기록합니다. 성경 말씀 묵상, 일과 관계, 기도 생활, 영적 공부 중에 느낀 점, 나눔을 통해 깨닫고 도전 받은 것 등을 기록합니다.

　영적 일기는 내 안에 있는 것들을 발견하고 자신과 대화하며 하나님이 우리에게 임재하시는 방식들을 알도록 도와 줄 것입니다.

1 *첫.번째.만남

마음을 열고 나누다

| 이끔말 |

| 묻고 탐구하기 |

| 영성의 지형도 그리기 |

   Ⅰ. 환대와 개방의 공간 만들기
   Ⅱ. 부드럽고 솔직하게 소통하기
   Ⅲ. 가르침과 배움의 방식
   Ⅳ. 영성 일기 쓰는 법

| 머물기 |

| 나누기 |

| 사랑의 기도 |

| 영적 여정을 위한 언약서 |

| 영성 일기 |

(이끔말)

예수님, 예수님은 사랑받는 자이십니다.
예수님, 저는 사랑받는 자입니다.
예수님, 우리 모두는 사랑받는 자입니다.

— 아서 르클레어 Arthur LeClair, '사랑받는 자의 기도'

(묻고 탐구하기)

Q. 아서 르클레어의 '사랑받는 자의 기도'는 나에게 어떻게 와 닿나요?

(영성의 지형도 그리기)

Ⅰ. 환대와 개방의 공간 만들기

"하나님을 신뢰합니다. 모든 것이 다 잘 될 것입니다." 노르위치의 줄리안의 기도입니다. 삶에 대한 두려움, 어디에도 우리가 환대받을 곳이 없다는 두려움이 마음을 점령할 때, 우리의 두려움보다 더 큰 존재가 계시다는 신뢰로부터 영성은 시작됩니다. 영성은 먼저 하나님과의 무한한 신뢰관계에서 비롯됩니다. 그것은 하나님 안에 있는 우리의 삶과 변함없는 하나님의 사랑에 기초하고 있습니다.

이 작은 배움의 공동체가 지향하는 것은 결국 이 사랑받음에 대한 확신과 그 나눔을 위한 소명의 자리를 발견하는 것이라고 할 수 있습니다. 우리는 사랑과 신뢰의 공간으로 초대 받았고 함께 그 길을 가기 위해 여기에 있습니다. 이끔말에 있는 아서 르클레어를 따라 사랑의 임재기도를 시작합니다.

- 편한 자세로 앉아서 몸과 마음을 이완시킵니다. 어떤 경우에도 그분은 우리를 버리지 않으실 것과 그분의 사랑이 우리의 삶에 나타날 것을 기대하십시오. 내 몸과 영혼 구석구석을 알아차립니다. 팔이나 다리를 움직이고 기지개를 켜도 좋습니다. 손을 천천히 꼭 쥐었다 폈다를 반복합니다. 어깨와 발도 수축과 이완을 두 차례씩 반복합니다.

- 내 몸의 세포 하나하나에게 인사합니다. 몸의 리듬을 느껴보십시오. 심장의 박동소리를 느껴보세요. 둥둥둥…. 내가 태어난 후로 지금까지 나의 생명을 위해 묵묵히 일해 왔지요. 눈에게 인사를 건네주세요. 눈에 보이지 않는 장기, 발바닥, 손, 손톱 등을 향해서도 감사의 인사를 전해 주세요.

• 양손을 가슴 높이로 모은 상태에서 10센티 정도 손바닥을 뗍니다. 눈을 살며시 감고 집중하세요. 살아있는 기운들, 에너지들이 느껴질 것입니다. 작은 벌레가 내 손을 기어 다니는 것처럼 간질간질한 느낌이 들 것입니다. 우리 몸은 에너지의 통로이자 공동체 그 자체입니다.

• 들숨과 날숨을 의식하면서 호흡으로 기도합니다. 날숨이 나갈 때 내 안에 있는 부정적이고 나쁜 기억들, 두려움, 번잡함 등이 나가는 것을 느껴봅니다. 들숨이 들어올 때 두 팔을 활짝 펴고 기도합니다. 온 우주에 충만한 예수 그리스도의 영이시여, 우리의 몸과 마음을 가득 채우소서. 크신 아버지의 무한한 신뢰와 사랑을 마음에 받아들입니다. 온 우주에 충만한 하나님의 영을 가만히 느껴봅니다. 다음의 기도로 돌아옵니다.

예수님, 예수님은 사랑받는 자이십니다. (5분)

• 지금까지 살아오면서 가장 사랑했던 혹은 사랑을 받았던 기억을 떠올립니다. 그 사랑의 느낌과 따뜻한 에너지가 우리 몸과 영혼의 구석구석에 퍼지는 것을 느껴봅니다. 이 느낌을 경험하면서 잠시 그대로 있습니다. 마음의 가장 깊은 곳에 계시는 하나님의 존재와 은혜를 흠뻑 빨아들이도록 합니다.

예수님, 저는 사랑받는 자입니다. (5분)

- 나눔을 하는 사람들을 돌아보면서 마음속에 이들을 맞아들입니다. 사랑은 내 형제를 향할 때 나 자신과 그를 새롭게 변화시키는 힘을 가집니다. 그러면 우리의 가난이 풍요로워지고 어둠에 빛이 스며들게 됩니다. 이 사랑을 전하는 사명을 위해 우리는 여기에 모여 있습니다.

예수님, 우리는 모두 사랑받는 자입니다. (5분)

Ⅱ. 부드럽고 솔직하게 소통하기

우리의 만남은 스쳐 지나가는 우연이 아닙니다. 통계에 따르면 우리가 사는 이 시간과 공간에서 지금 함께 하는 이 사람들과 만날 확률은 몇 조분의 일도 안 된다고 합니다. 정현종 시인은 사람과 사람이 만나는 것을 이렇게 표현했습니다.

> 사람이 온다는 건
> 실은 어마어마한 일이다
> 그는 그의 과거와
> 현재와
> 그의 미래와 함께 오기 때문이다
> 한 사람의 일생이 오기 때문이다
> 부서지기 쉬운
> 그래서 부서지기도 했을
> 마음이 오는 것이다
>
> — 정현종의 '방문객'

그 마음을 서로 잘 풀어주고 껴안아주고 잘 이해하는 것, 그래서 그저 지나가는 몸짓에 불과하던 그 이름을 의미 있는 꽃이 되도록 하는 것, 그런 모임이 된다면 참 좋겠지요. 우리가 서로에게 유의미한 존재가 되어가기 위해 필요한 것은 개방성입니다. 우리의 마음을 여는 일을 위해서 의사소통의 장애요인을 알아보고자 합니다. 다음의 조해리의 창을 검사해보고 나누어 봅시다.

1. 조해리 창 검사

다음의 질문에 1-5점까지의 점수를 부여한 후에 홀수 항의 점수를 각각 합하고, 짝수 항의 점수를 각각 합산 합니다.

구분	질문 내용	본인	상대
1	생각하는 바를 자신 있게 말하는 편이다		
2	상대방이 나를 비판할 때 변호하기보다는 귀를 기울이는 편이다		
3	어떤 일에 대해 모르는 것은 확실히 모른다고 말하는 편이다		
4	다른 사람의 말에 몸짓과 표정, 눈길로 관심을 나타내며 경청한다		
5	자신을 솔직하게 고백하는 편이다		
6	중요한 토의를 할 때 방해되는 일이 없도록 사전에 예방조치를 한다		
7	잘못에 대해 변명하기 보다는 인정하는 편이다		
8	자신의 의견에 대해 상대방이 어떻게 생각하는지 묻고, 경청하는 편이다		
9	별로 좋은 일이 아닐지라도 남들이 알아야 하는 일이라면 알려준다		
10	일을 할 때 아이디어를 자유롭게 개진할 수 있도록 하는 편이다		
11	다른 사람이 이해할 수 있는 말과 용어를 쓰려고 노력한다		
12	다른 사람의 감정을 존중하는 편이다		
13	처음 만나는 사람에게도 자신을 솔직하게 드러내는 편이다		
14	이야기를 독점해 다른 사람이 불편해하는 일을 피한다		
15	다른 사람에 비해 비밀이 적은 편이라고 생각한다		
16	관심을 갖는 척하거나 경청하는 척하지 않는다		
17	다른 사람이 잘못했을 경우 잘못한 사람에게 솔직히 얘기한다		
18	다른 사람이 내 말에 찬성하지 않는다고 화내거나 푸대접하지 않는다		
19	자신을 그대로 나타내며 가장하지 않는다		
20	다른 사람의 조언이나 충고를 고맙게 받아들인다		

* 5: 나와 꼭 맞는다   * 4: 상당히 맞는다   * 3: 어느 정도 맞는다
* 2: 거의 맞지 않는다   * 1: 전혀 맞지 않는다

2. 항목별 성찰하기

본인이 3점 이하라고 평가한 점수에 해당하는 항목에 대해 성찰해 봅시다.

자기 평가 (3점 미만)

항목	자신의 평가	성찰할 점

나와 상대의 점수 차이가 2점 이상인 항목에 대해 성찰해 봅시다.

나와 상대의 점수 차이 (2점 이상)

항목	자신의 평가	상대의 평가	성찰할 점

3. 마음의 창 그래프 그려보기

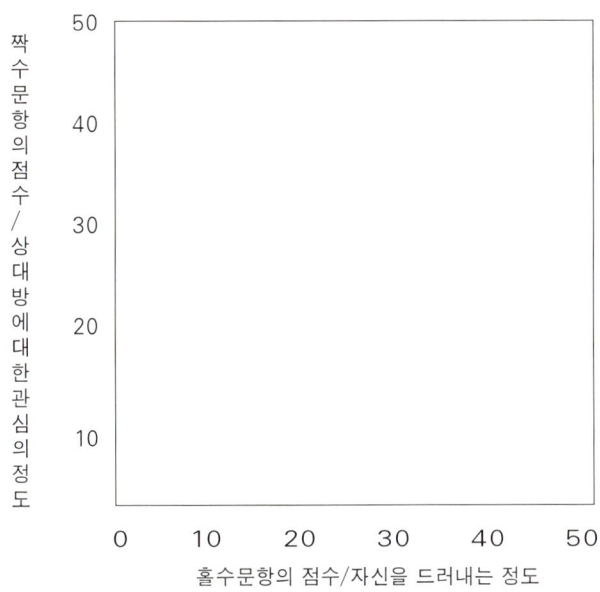

	자신이 모르는 자신 (Unknown to self)	자신이 아는 자신 (Known to self)
다른 사람이 아는 자신 (Known to other)	Ⅱ	Ⅰ
다른 사람이 모르는 자신 (Unknown to self)	Ⅳ	Ⅲ

4. 유형 평가와 해설

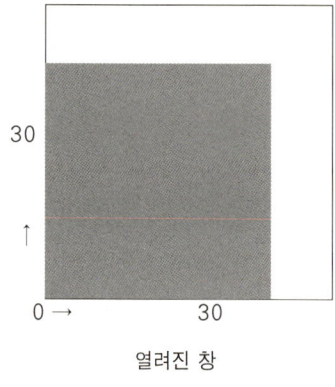
열려진 창

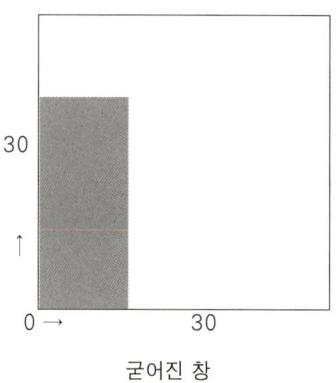
굳어진 창

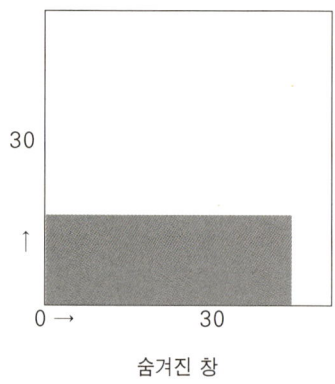
숨겨진 창

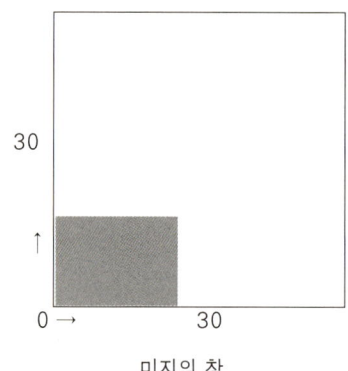
미지의 창

* 색칠한 부분은 자신의 점수에 따라 자신과 남이 모두 알 수 있는 영역
* 화살표는 보다 넓히고 성숙해 가야 할 지향 방향

열려진 창 Open Window

자신의 행동 패턴이나 인품, 버릇 등을 다른 사람도 잘 알고 스스로도 잘 알고 있습니다. 양 방향으로 열려 있으므로 행동이 자유롭고 가장 이상적인 삶의 자세를 가지고 있지요. 조화와 협력 그리고 평화와 자기실현을 추

구합니다. 이러한 삶의 자세는 끊임없이 자기 통제력을 키우기 위해 노력하고, 다른 사람의 삶의 입장을 존중하고, 다른 사람을 내 몸과 같이 사랑하는 의식적인 노력에 의해서 만들어집니다. 곧 이성과 신앙의 훈련을 통해서 얻어지는 고차원적인 삶의 자세라고 할 수 있습니다.

굳어진 창 Bind Window

자기는 잘 모르고 있지만 다른 사람들은 나에 대해 더 잘 알고 있습니다. 자기도 모르는 사이에 드러나는 버릇이나 습관처럼 무의식의 부분이 많다는 것입니다. 자신에 대해 알지 못하는 부분이 많은 만큼 의존적인 삶의 자세를 보여 자신에 대한 사랑과 존중이 결여된 모습을 보이기도 합니다. 또 듣기보다는 말하기 좋아하는 유형으로 때론 상대방을 무시하는 경향을 보이기도 하므로 상대방의 말에 주의를 기울이는 훈련이 필요합니다.

숨겨진 창 Hidden Window

자기 자신은 잘 이해하고 있지만 다른 사람은 자신에 대해 잘 모르는 경향이 있습니다. 의도적으로 피하거나 숨겨진 마음이 많으며, 자기를 잘 드러내지 않는 자기애적인 삶의 자세를 가졌습니다. 그렇기 때문에 자신이 하는 일에 대한 자부심이 강하고 고정관념과 편견을 많이 가지고 있기도 합니다. 말하기보다는 듣기를 좋아하는 편이지만 대화를 통해 자신을 보다 많이 드러냄으로써 서로에 대한 이해를 키우는 훈련이 필요합니다.

미지의 창 Unknown Window

자기와 타인 모두에게 알려지지 않은 부분으로 양쪽 모두에게 닫혀져 있는 무의식의 영역입니다. 다분히 소극적인 성격이며, 스스로와 세상에게도 닫혀져 있습니다. 그렇기에 세상 모든 것을 무의미하고 부정적으로 보기도 합니다. 상대방에 대해 보다 많은 관심을 기울이고, 자신의 삶에 있어서는 매사에 적극적인 행동이 필요합니다.*

---

* 성성종, 『거룩한 상상』 (서울: 은성, 2002), 58-60.

5. 소통을 위한 조해리 창 분석

틈새

3점 이하의 점수는 관계적 삶에 균열이 간 부분이나 왜곡된 부분에 대해 신호를 보내는 곳입니다. 그러나 삶의 패러다임이 바뀌고 전환되어야 하는 영성의 측면에서 볼 때는, 이 부분의 성찰이 바로 초월로 가는 문이자 균형의 통로가 됩니다. 잘 깨닫고 훈련하기만 한다면 말이지요. 예를 들어 솔직하게 표현하는 항목이 2점이 나왔다면, 상대를 많이 배려해서 조심하는 것 같지만, 그 삶을 실제로 분석해보면 일을 그르치거나 관계에서도 좋지 못한 결과를 가져오는 경우가 많습니다. 자기는 상대방을 배려하느라고 솔직하게 말을 못했는데, 결국은 일을 그르칠 뿐만 아니라 자신은 상처를 받고, 사람까지 잃는 결과를 가져오게 됩니다. 즉 이성적인 의사소통을 훈련받지 못해서 자신이 중요하게 생각하는 관계적인 측면까지도 그르치게 된 것이지요. 따라서 영성훈련에서는 자기 개방-특히 화가 났던 일, 일과 관계에서 실패했던 일, 부족한 성품 등을 있는 그대로 드러내고 표현하는 것-이 삶의 전환과 발전에 도움이 됩니다. 물론 그 전제는 이끔말에 있는 그대로 나는 사랑받는 자이고, 또 상대방도 사랑받는 자라는 것입니다.

개방도의 차이(gap)

자기가 매긴 점수와 상대가 매긴 점수의 차이는 내용과 태도의 차이를 나타냅니다. 예를 들어서 나는 속으로는 진지하게 잘 듣고 있는데 상대방은 별로 존중받는 것 같지 않아서 언짢아 할 수 있어요. 내용은 좋지만 태도가 거기에 적합하지 않아서, 상대방이 오해를 할 수 있는 경우이지요. 반대의 경우도 있습니다. 실제 자기의 마음으로는 딴 생각을 하거나 대충 흘려듣고 있는데, 이야기를 진지하게 듣는 것 같은 태도를 하고 있어서 상대방은 정말 진지하게 내 얘기를 잘 경청하고 있다고 느끼는 것이지요. 기본적으로 좋은 태도는 굉장히 중요합니다. 어쨌든 바깥으로 드러나는 것은 태도니까요. 그러나 가장 중요한 것은 겉과 속이 같은 것입니다. 솔직하고 정직하게 좋은 태도와 사랑을 가지고 소통하는 것입니다. 사회생활을 하다

보면 알게 모르게 세련된 바리새인처럼 위선적인 사람이 될 수도 있으니까요.

총합이 30점 이하라면 개방성의 정도가 매우 약하다는 것입니다. 30점에서 45점까지는 적정한 범위에 해당되지요. 홀수와 짝수의 점수가 거의 비슷하면 좋습니다. 처음에는 낯설고 원활하게 나누기가 어렵더라도 점차 서로를 신뢰하면서 나눔을 하다보면, 그러한 문제들의 이면에 숨어있는 삶의 패러다임을 잘 발견하게 될 것입니다. 그 안에는 이성, 감정, 의지의 측면, 치유 받아야 할 상처, 고정관념이나 중요한 삶의 태도도 들어있지요. 우리가 앞으로 하는 영성 수업에 있어서도 자기분석과 관계분석이 중요한 토대가 됩니다. 그것을 통해서 하나님과 관계되는 방식으로 나갈 것이기 때문입니다.

6. 개방을 위한 나눔

간단한 자기소개와 함께 다음의 질문에 답하고 나누어 보세요. 느낌은 우리 삶의 중요한 신호입니다. 영성을 실현하기 위한 첫 번째 문은 우리의 삶에서 존재의 신호를 알아차리는 것입니다. 우리의 삶에는 존재로 들어가는 문이나 표지판들이 있습니다. 그 중의 하나가 느낌입니다. 존재로 들어가는 표지판이지요. 영성의 처음 출발에는 여성이 남성보다 더 빨리 들어가는 경향이 있습니다. 영성의 초입은 감성이 작용하고, 심화되고 성숙되기 위해서는 이성이 필요하기 때문에 그런 것 같습니다. 그래서 남성의 경우에는 일단 감성적인 영역이 계발되면 이성적인 차원이 가세하면서 영성의 대가가 되는 경우가 많습니다. 이 과정에서는 느낌에 대해 자주 물어보게 될 것입니다. 그것은 영적 직관을 계발하고자 하는 목적 때문입니다. 즉 느낌을 포착하고 이성으로 분석하여 깊이 있는 영성의 차원으로 끌어올리려는 것이지요.

예전에는 감정을 표현하는 것을 가볍게 여겨서 울거나 소리를 지르거나 웃거나 하는 것을 이성적인 영역보다 열등한 것으로 생각했습니다. 게다가 가부장적 문화에서 감정표현은 여자들이나 하는 것, 못 배우고 고상하지 못한 사람들이 하는 것으로 여기는 경향이 있었어요. 그래서 영성 역시 무언가 근엄하고 딱딱하고 보통 사람들은 실천하기 힘든 것이라고 생각하는 사람이 많았습니다. 그러나 보통 사람들의 영성하기, 맞춤형 영성을 가르치는 이 수업에서는 희로애락이 표현되는 감성의 영역을 중요하게 여깁니다. 삶에서 자기가 주로 느끼는 감정들은 각자의 영성이 실현되는 구체적인 표지판들이기 때문이지요.

- 지금 나의 느낌은?

- 나의 가장 큰 약점은?

- 내가 가장 두려워하는 것은?

Ⅲ. 가르침과 배움의 방식

우리 주 예수 그리스도의 하나님, 영광의 아버지께서 지혜와 계시의 정신을 너희에게 주사 하나님을 알게 하시고 너희 마음의 눈을 밝히사 그의 부르심의 소망이 무엇이며 성도 안에서 그 기업의 영광의 풍성이 무엇이며 그의 힘의 강력으로 역사하심을 따라 믿는 우리에게 베푸신 능력의 지극히 크심이 어떤 것을 너희로 알게 하시기를 구하노라. (에베소서 1:17-19)

삶에는 여러 차원이 있습니다. 지식도, 가르침도 다양한 차원이 있습니다. 어떤 사람은 자기가 모르고 있다는 사실조차 알지 못합니다. 그들은 눈에 보이는 세계가 전부라고 생각합니다. 그래서 자기가 모르는, 보이지 않는 세계와 존재에 대해서는 알려고도 하지 않습니다. 또한 부분적인 지식을 가진 사람이 있습니다. 자기가 알고 있는 정보와 지금까지 경험한 작은 지식이면 충분하다고 생각하는 사람입니다. 그런데 제일 위험한 사람은 잘못된 지식을 가지고 있으면서 확신에 찬 사람들입니다. 그런 사람들은 어느 누구도 가르칠 수 없습니다. 예수님조차도 자기 스스로 눈을 뜨고 있다고 생각하는 사람, 의인이라고 생각하는 사람, 병들지 않았다고 생각하는 사람은 고칠 수가 없었습니다.

그런가 하면 영적으로 전환하게 하는 지식과 가르침이 있습니다. 하나님이 아는 방식으로 '나와 세계와 삶'을 알게 하는 지식입니다. 하나님이 누구신지, 내가 지금 살고 있는 삶이 무엇을 향해 가는지, 영적으로 어느 정도 성장하고 있는 것인지, 내게 일어나고 있는 일들은 어떤 이치에 따라 일어나게 되는지…. 이러한 지식은 생각이나 경험으로 아는 것이 아니고 깨달음, 즉 계시의 영이 필요합니다. 하나님 아버지께서 우리에게 당신 자신을 알게 하시고, 우리의 영혼을 밝혀서 우리를 부르신 소명의 자리와 그 소명의 자리에서 받을 풍성한 기업과 능력을 알게 할 것입니다. 많은 영성가들이 각자 자기의 삶에서 이 놀라운 체험을 했습니다. 체험입니다! 머리로 안 것이 아니라 **온 몸과 마음과 영혼을 다해서 갈망하고 실천한 후에 체득한 앎**입니다.

토마스 머튼은 폐쇄된 수도원에 속해 있던 수도자였지만, 온 세상과 하나 되는 놀라운 영적 일치의 체험을 하게 됩니다. 그 체험은 1958년 3월 18일에 일어난 것으로, 그날 월넛가의 모퉁이에 서 있던 머튼은 쇼핑센터에 드나드는 사람들을 보고 있었습니다. 갑자기 그는 자신이 이들 모두를 진정으로 사랑하고 있으며, 전혀 그들과 분리되어 있지 않다는 것을 깨달았습니다. 그는 나머지 인류와 하나가 되기 위해 태어난 영광스러운 존재였던 것입니다.

> 나는 갑자기 내가 이 모든 사람을 사랑했고 그들은 나의 사람들이며 나는 그들의 것이라는 깨달음에 압도되었다. 그것은 분리의 꿈, 특별한 세계에서 위조된 자기고립의 꿈, 부정과 가장된 거룩한 세계에서 깨어나는 것 같았다. 이 해방감은 거의 큰 웃음을 터뜨릴만한 깊은 안도감과 기쁨의 경험이었다. 갑자기 나는 그들 마음의 비밀스러운 아름다움, 죄나 욕망이나 자기 지식이 다다를 수 없는 곳, 그들의 실재의 핵심, 하나님의 눈으로 보는 개개인의 참된 인격체를 본 것 같았다. 그들이 오직 그들 스스로를 이런 식으로 볼 수만 있다면, 우리만이라도 서로를 매 순간 그런 식으로 볼 수 있다면, 그곳엔 더 이상 전쟁도 증오도 탐욕도 없을 것이다.*

영성 전통에서 조명의 단계라고 불리는 이 체험은 머튼으로 하여금 **깊은 내적인 빛을 깨닫는 기도 속에서 하나님과 사람, 세계가 일치되는 삶**에 대하여 알게 해 주었습니다. 그 체험은 모든 사람들이 하나님 안에서 자기 자신을 보는 곳이었습니다. 거기는 정의와 사랑의 연합이 발견된 곳이었고, 사랑의 근원 안에서 일치를 향한 비전을 갖는 곳이었습니다. 머튼은 이후로 점점 더 평화와 일치와 인권을 위한 글쓰기와 비폭력적 투쟁에 헌신하기 시작하였습니다. 그는 역사적 책임감이 있는 수도자였고 관상가이자 작가였습니다. 깊은 통찰력에서 나오는 그의 메시지는 오늘날 인권과 자유와 평화에 대하

---

* Thomas Merton, *Conjectures of a Guilty Bystander* (Garden City, N. Y. : New Directions, 1977), 156-158.

여 어떤 정치가보다도 강한 영향력을 가지고 있습니다.

이 놀라운 삶에 대한 깨달음은 인간의 지혜로는 알 수 없는 것이며 신비에 속한 것입니다. 정보나 자료만으로는 알 수 없습니다. 지금까지 교육을 받아온 대상적인 질문과 답의 방식으로는 풀 수 없습니다. 영성에 대한 가르침과 배움은 각자의 삶에 숨어있는 이 비밀을 풀어나가고 탐구하는 방식과 연관되어 있습니다. 후르내르트Eduardo Hoornaert라는 학자는 이 탐구를 **기독교 영성 전통과 성서에 나타나 있는 상응 구조**corresponding structure**를 각자의 삶에서 밝히고 적용하는 것***이라고 하였습니다. 즉 **구조해석을 통한 맞춤 영성**이라는 것이지요. 맞춤 영성을 탐구하기 위해서는 하나님 이해, 인간 내면 이해, 종교 경험 이해 등 훨씬 더 정교하고 복합적인 이해가 필요합니다.

그러려면 이미 알고 있던 답, 이미 경험했던 답이 아니라 존재에 이르는 새로운 축복의 삶으로 가야 하기 때문입니다. 이제부터 우리가 알고 경험했던 내용과 방식을 내려놓습니다. 존재의 근원이신 하나님, 영이신 하나님과 관계를 맺는 새로운 방식이 있어야 합니다. 정의定意, 기준, 경쟁, 성취 등의 근대적 사유 방식이 아니라, 나의 삶에 꼭 맞는 맞춤 영성의 방식, 내면을 비추고 영혼을 움직이는 방식, 존재와 관계 맺는 새로운 방식이어야 합니다. 다양한 유형을 가진 각 개인이 각자의 다양한 삶에서 영적 원리를 실천하는 것이 목적이 되어야 하기 때문입니다.

편안한 마음으로 기대감을 가지고 잘 보고 듣습니다. 그리고 자기 삶의 신호들을 살피고 조각난 파편들을 잘 맞추어가면서 일정한 패턴들을 분석해 볼 것입니다. 그렇게 우리 삶을 잘 들여다보면 구조화된 패러다임이 있다는 것을 알 수 있을 것입니다. 억울한 것, 실패하는 것, 화나는 것 등 이상하게 반복되는 패턴을 깨닫고, 왜 그런 방식이 반복되는지 살펴보고 직면

---

* Eduardo Hoornaert, "Models of Holiness among the People," *Models of Holiness*, eds., Christian Duquoc and Casiano Florista′n (New York : The Seabury Press, 1979), 36.

해서 새로운 방식으로 재구성하게 될 것입니다. 먼저 영성이란 무엇인지, 영적 세계는 어떻게 구성되어 있고 영적 삶을 살기 위한 방법은 무엇인지를 성경과 영적 전통을 통해서 배우게 될 것입니다. 그리고 자기 분석, 관계 분석, 의식의 수준과 영적 성장의 과정, 비전의 발견 등 영적 이치를 보다 구체적으로 배워나가게 될 것입니다. 이러한 배움의 도구로서 다양한 학문적 방법들이 사용됩니다. 자신과 다른 사람과의 관계방식을 알아차리기 위한 심리학과 영성가들이 경험했던 종교 현상들을 분석하고 우리 삶에서 적용하기 위하여 종교현상학과 해석학의 방법론을 사용할 것입니다.

또한 서로 많이 물어볼 것입니다. 예수님은 제자들을 가르치실 때에 질문을 많이 사용하셨습니다.

> 예수와 제자들이 빌립보 가이사랴 여러 마을로 나가실새 길에서 제자들에게 물어 이르시되 사람들이 나를 누구라고 하느냐 제자들이 여짜와 이르되 세례 요한이라 하고 더러는 엘리야, 더러는 선지자 중의 하나라 하나이다 또 물으시되 너희는 나를 누구라 하느냐 베드로가 대답하여 이르되 주는 그리스도시니이다 하매 (막 8:27-29)

예수님의 질문의 핵심은 다른 사람들이 말하는 정보나 지식이나 시선이나 체면 같은 것이 아니라 구체적으로 자신에게 향하신 하나님의 뜻을 잘 깨닫고 살도록 하는 것이었습니다.

영적 삶은 존재의 근원이시지만 보이지 않는 하나님과 함께 세상을 살아가기 위한 영적 지혜이기 때문입니다. 질문은 우리가 내면으로 들어가서 새로운 삶의 차원으로 전환하기 위한 새로운 사유, 새로운 감성, 새로운 의지를 끌어올리도록 도와줍니다. 그러므로 우리는 모르는 것에서 아는 것으로 나아갈 것입니다. 이 길에 경청과 물음은 자기 삶에 주어진 신호를 통해 영성을 깨닫게 하는 영적 순례의 중요한 태도입니다.

Ⅳ. 영성 일기 쓰는 법

우리가 영적 순례의 길을 시작하면 영적인 눈이 생기게 됩니다. 이전에는 내가 주인공이 되어서 사물들과 책들과 사람들을 읽고 분석하였습니다. 그나마도 대부분은 생각과 판단을 중심으로 하는 것이었지요. 이제부터 우리는 우리의 삶을 살아있게 하고 명상하게 하며, 근원으로 연결하는 의미와 깨달음의 눈으로 보려고 합니다. 점점 더 하나님이 우리를 사랑하신다는 것과 우리의 모든 관계에는 하나님이 임재해 계시다는 것을 신뢰하게 될 것입니다. 따라서 친구의 말, 아침에 읽은 말씀, 그 분의 사랑 안에서 올려드린 기도를 통해 나의 전全존재, 과거, 현재, 미래를 새롭게 읽는 경청의 능력이 생겨나겠지요.

영성 일기를 기록하는 것은 영성 형성에 매우 중요합니다. 기록하여 보는 것은 자신 안에 있는 낯선 타자를 대하는 용기를 필요로 하지요. 글쓰기는 나 자신을 발견하게 하며, 내면의 새로운 공간을 창조하게 합니다. 특별한 방식을 따로 가질 필요는 없습니다. 다음의 글들은 짧게 자신의 마음에 떠오르는 단편들을 기록한 일기의 내용들입니다. 십자가의 요한은 자기의 내면에서 일어나는 영적인 느낌들을 기록하였습니다.

> 어두운 밤에 열망으로 가득한 사랑으로 불타올랐습니다.
> 암흑 속에 아무도 모르게, 저의 집은 지금 편안합니다.

성경말씀을 읽다가 어떤 말씀이 마음에 들어와서 그대로 기록하고 묵상할 수도 있습니다.

> 이 모든 것 위에 사랑을 입으십시오.
> 사랑은 완전하게 묶어주는 끈입니다.

그리스도의 평화가 여러분의 마음을 다스리게 하십시오.
여러분은 또한 한 몸 안에서 이 평화를 누리도록 부르심을
받았습니다. (골로새서 3:14-15)
사랑은 율법의 완성입니다. (로마서 13:10)

위의 말씀을 읽은 후 토머스 머튼은 다음과 같이 묵상하여 일기를 썼습니다.

모든 것 위에, 사랑은 모든 것 위에 있다.
우리가 창조된 목적은 사랑이기 때문이다.
사랑은 우리를 하나님과 직접 묶고 우리 서로를
하나님 안에서 하나로 묶는다.
그래서 우리는 그리스도 안에서 하나가 되고
그리스도는 우리 안에 사신다.
그리스도의 평화가 우리 안에서 띈다.

특별히 구체적인 삶을 중심으로 일기를 쓸 때, 일어난 사건이나 정보만을 기록하기보다 성경말씀 묵상, 일과 관계, 기도 생활, 영적 공부 중에 느낀 점, 나눔을 통해 깨닫고 도전 받은 것 등을 기록하는 것이 좋습니다.

• 특별히 매일의 생활에서 느끼는 것을 형용사를 중심으로 기록해 보세요. 기쁘다, 억울하다, 부끄럽다, 슬프다, 밉살스럽다, 불안하다…. 혹은 이유를 알 수 없는 기분 등의 느낌을 어떠한 판단도 섞지 말고 있는 그대로 10분 정도 노트에 써 보세요. 실제로 써보면 자기 기분을 나타낼 수 있는 형용사가 적다는 것과 대부분의 기록이 느낌이 아니라 판단이라는 것을 알게 될 것입니다.

• 하루 동안 겪었던 사건, 인간 관계, 성경 말씀, 성공, 실패 등에 대해서 받은 강한 느낌을 간단한 문장으로 기록해 봅니다. 예를 들어서 기도할 때 왠지 포근함을 느꼈다, 지각할 것 같아서 몹시 초조하였다, 선생님이 내게 냉정한 표정을 지어서 하루 종일 마음이 찜찜했다 등…. 기록을 읽어 보면서

하루의 기분을 형용사만으로 열거해 봅니다. 포근한, 초조한, 찜찜한 등.

• 기록한 형용사를 여러 각도로 더 구체적으로 표현해 보면서 느낌을 좀 더 깊게 포착해 봅니다. 예를 들어서 솜사탕을 먹는 것 같고, 내 어깨 위에 손을 얹어 주시는 것 같은 포근함 등. 또 예전의 경험이나 자연계의 날씨, 풍경, 동식물, 색깔, 몸의 동작, 이웃들의 표정과 상태, 소리와 음악, 감촉, 냄새, 극중의 인물 등을 연관해서 표현할 수도 있을 것입니다.

• 성경말씀과 영성가들의 삶에서 그 느낌을 다시 조명해 봅니다. 아기 예수님이 마리아의 품에 안겨 계실 때의 그 전폭적인 신뢰와 순진무구함, 예루살렘을 바라보시며 우신 예수님의 슬픔 등.

• 기록한 마음의 움직임을 몇 시간 후나 다음 날에 바라보면서 마음의 상태를 성찰합니다.

• 특별한 자극과 시련 중에는 그 사건을 중심으로 일어나는 마음의 변화를 더 섬세하게 써 보십시오.

✱ 머물기

나는 하나님과 나 자신, 이웃에 대해 얼마나 마음이 열려 있습니까?
소통에 대한 나의 태도는 어떠한가요?

✱ 나누기

✳ 사랑의 기도

사랑의 하나님, 당신은 우리의 마음을 꿰뚫어보시며 당신이 우리를 사랑하시는 그 신비로 부르십니다.

줄리안의 말처럼, 하나님 아버지, 당신을 무한히 신뢰합니다. 모든 것이 다 잘 될 것입니다. 당신은 사랑이시고 그 사랑으로 우리를 변화시키십니다.

예수님, 저는 당신의 사랑받는 자입니다. 이 두려움 많은 세상 속에서 주여, 저를 지탱해 줄 당신의 음성이 필요합니다.

당신의 굳건한 사랑의 부르심 위에 흔들리지 않는 기초를 두기 원합니다. 우리의 삶이 하나님께로 더 가까이 가도록 도우소서. 그 사랑을 우리 모두가 나누게 하소서.

영적 여정을 위한 언약서

나는 영성학교 1과정을 하는 동안 다음의 사항들을 지킬 것을 약속합니다.

- 경청

매주 강의 내용을 잘 듣겠습니다. 내가 가진 생각과 상처와 고정관념을 내려놓고 열린 마음으로 잘 듣겠습니다.

- 개방적 나눔

진솔하게 나의 삶의 문제와 감정을 잘 나누겠습니다. 인도자의 지도를 잘 받을 것이며, 길벗들이 함께 기도하며 중보 할 수 있도록 하겠습니다.

- 출석과 알림

이 과정을 하는 동안 결석하지 않겠으며, 특별한 일이 있을 때에는 사전에 연락하겠습니다.

- 식별과 순명

마음의 동기와 욕구들을 잘 분별하면서 하나님이 말씀하시는 것이 확실하다고 느껴질 때는 반드시 순명하겠습니다.

- 신의와 중보

이 모임에서 나눈 이야기와 타인의 비밀을 함부로 누설하지 않고 사랑하는 마음으로 중보하겠습니다.

- 전환과 소명의 깨달음

이 과정을 하는 동안 하나님의 축복으로 영적 전환과 소명에 대한 깨달음이 일어나도록 기대하며 기도하겠습니다.

- 안내자와 길벗들을 위해 기도하겠습니다.

이름 _____ 서명

영성 일기

첫째 날

둘째 날

세째 날

네째 날

다섯째 날

여섯째 날

일곱째 날

2

*두.번째.만남

영성의 두 길

| 이끔말 |

| 묻고 탐구하기 |

| 영성의 지형도 그리기 |

　　Ⅰ. 합일을 강조하는 영성
　　　　1. 특징
　　　　2. 한계
　　Ⅱ. 임재를 강조하는 영성
　　　　1. 특징
　　　　2. 한계
　　Ⅲ. 나의 삶에 적용하기

| 머물기 |

| 나누기 |

| 사랑의 기도 |

| 영성 일기 |

(이끔말)

내 영혼이 나에게 말하였네
'여기에, 저기에, 또 너머에'라는 단어들에 의해
나의 자리가 한정될 수 없다는 것을
지금까지 나는 언덕 위에 서 있었고
다른 모든 언덕들이 아득하고 멀게만 느껴졌지만
이제야 비로소 내가 서 있는 언덕이
실로 모든 언덕이기도 하다는 것과
내려가는 이 골짜기도
모든 골짜기를 포함하고 있다는 것을 알게 되었네

— 칼릴 지브란 Kahlil Gibran, '내 영혼이 나에게 충고하였네'

(묻고 탐구하기)

'당장 먹기는 곶감이 제일'이라는 말이 있습니다. 우리는 보통 당장 필요한 것, 내 눈에 익숙한 것을 먼저 선택하며 살게 되어 있다는 뜻입니다. 양자택일, 즉 둘 중에 하나를 선택하는 것은 어떤가요? 하나로 정해져 있거나 주어진 대로 하는 것보다는 어렵지만 양자택일이라는 것은 여전히 쉬운 선택 중에 하나입니다. 우리가 '이것 아니면 저것'이라는 삶의 태도를 가지면 흑백논리에 갇히게 됩니다. 적과 동지의 관계만 존재하게 되는 것이지요. 우리의 교육 현실에서도 수능을 비롯한 각종 시험들이 네 문항 중에서 하나는 맞고 나머지는 틀렸으니 버려야 한다는 사고방식을 전제하고 있지요.

그러나 삶의 신비, 특별히 보다 깊고 심오한 차원을 다루는 영성의 신비는 역설을 지니고 있습니다. 사막과 도시는 같이 연결될 수 있습니다. 우리는 번잡한 삶 가운데 광야를 만들어야 하고, 광야 한 가운데 길을 내고 물을 길어야 합니다. 그러려면 새로운 눈이 필요합니다. 테이아르 드 샤르댕 Teilhard de Chardin 은 순결한 마음으로, 하나님의 마음으로 모든 사물과 세계를 끌어안으라고 말합니다. 그렇게 하면 우리는 그 어떤 것으로 부터 소외되거나 자기를 폐쇄시킬 필요가 없습니다. 마르다와 마리아 사이에서 고민하지 않아도 됩니다.

Q. 내 삶을 돌아볼 때 위의 글은 어떤 느낌을 주나요?

(영성의 지형도 그리기)

영성의 두 길

영성은 두 가지 유형으로 나눌 수 있습니다. 아래의 그림에서 오른쪽은 현대 영성의 논의를 도식화한 것이고, 왼쪽은 가톨릭 수도원에서 하나님과의 합일을 중심으로 진행된 전통적인 논의를 도식화한 것입니다. 개신교 교회들의 경우에 종교개혁의 만인제사장직과 같은 교리는 오른쪽 도식에 가깝지만, 제도적으로나 심정적으로는 왼쪽 도식에 더 가깝다고 할 수 있습니다. 우선 두 가지 길을 함께 보면서 각각의 장단점을 살펴보기로 하겠습니다.

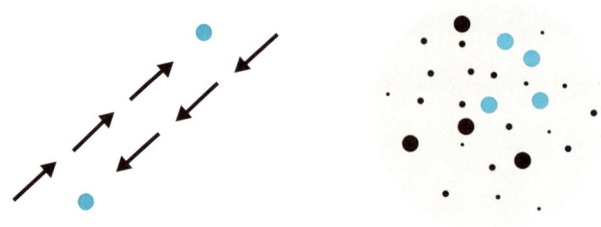

I. 합일을 강조하는 영성

위 그림에서 왼쪽에 있는 유형을 의미하며, 정화purification /purgation, 조명illumination의 길을 거쳐서 하나님과의 합일union에 도달하는 전통적인 영성 유형입니다. 이러한 영성은 주로 하나님의 초월성, 인간의 내면성, 그리고 영적 성장의 단계를 강조합니다.

1. 특징

초월성

　이 유형은 초월성을 강조합니다. 여기서 하나님은 저 높은 곳에 초월해 계신 전혀 다른 존재, 우리가 상상할 수 없는 전지全知, 전능全能, 절대성絶對性을 가진 존재, 나의 생각과 현실 세계, 경험을 넘어서 계시는 존재로 인식됩니다. **하나님은 인간의 힘으로 객관화할 수 없는 분이시고 절대적인 자유를 지닌 존재로서, 단순히 인간의 자기 초월이나 자기실현과는 다른 차원의 신비를 지니신 분입니다.** 초월을 강조하는 영성그룹의 가장 중요한 특징은 임재보다 부재不在를, 긍정보다 부정negativity을 강조하는 것입니다. 이러한 부정은 인간이 지닌 죄와 집착 때문만이 아니라 하나님의 초월적 신성 때문이기도 합니다. 영성을 형성하는 길 역시 엄격한 훈련과 금욕의 고된 과정을 거쳐야 합니다. 전통적으로는 **삼중의 길**, 혹은 **세 단계의 길**이라는 영적 여정을 거쳐 합일에 도달하게 됩니다. 우선 윤리와 덕목의 실천으로 정화에 이르고, 하나님이 만드신 세상에 대해 관상하는 법을 배우는 조명의 단계를 거쳐 하나님을 직접적으로 보는 합일에 이르는 것입니다.*

　호웰즈Edward Howells는 긍정보다 부정의 상징이 하나님을 더 적절하게 나타내는 것이라고 보았습니다.** 우리의 영성 형성에서도 신의 초월성에 대한 인식은 반드시 필요하지요. 하나님이 옆집 아저씨 같고, 장미꽃 같고, 아버지 같기만 하다면, 신이라고 부르기는 어려울 것입니다. 아무리 훌륭한 사물이나 사람이라도 하나님은 그것을 넘어서 존재하시니까요. 교회 역시 이러한 신의 초월적 현존에 대한 인식과 경외심이 있어야만 합니다. 그리스도인들이 모였는데, "잘 지냈어? 그래 일은 잘되고? 돈은 잘 벌고? 애는 잘 크고?"하면서 일상적인 차원의 대화만 하고 있다면, 그 모임은 영성을 지니

---

* 합일에 이르는 삼중의 길은 13세기 부터 전통적으로 영적여정을 나타내는 중요한 상징으로 알려져 있다. 디오니수스는 『천상의 위계』 *The Celestial Hierarchy*에서 처음으로 삼중의 길이라는 개념을 제시했다.

** Edward Howells, "Apophatic Spirituality", *The New Westminster Dictionary of Christian Spirituality*, Sheldrake, ed., (Louisville, Kentucky, 2005), 117-118.

고 있다고 할 수 없겠지요. 성도들 역시 믿음으로 신적 초월성을 경험하도록 할 수 있어야 합니다. 그러면 우리는 하나님이 놀라움, 새로움 그리고 창조적 능력의 존재라는 것을 알게 될 것입니다.

내면성

내면성은 복잡한 활동을 벗어나 더 깊은 내면으로 들어가서 하나님을 만나는 것입니다. 특별히 봉쇄 수도원에서는 부산한 활동을 피하고 단순한 노동 가운데 깊이 침묵하면서 하나님을 만나는 방법들을 찾았습니다. 하나님이 어떤 분인지 보이지는 않지만 내 안에 살아계시기 때문입니다. 그래서 가슴이 뜨거울 때, 영혼에 사랑이 넘쳐날 때, 마음에 평온함이 넘쳐날 때, 참 행복한 마음으로 다른 사람을 섬길 수 있을 때, 온전히 사심이 없을 때, 하나님을 만나고 있는 것이라고 느끼는 것입니다. 이때 영성가란 내면에 신(神)을 모신 사람을 의미하겠지요.

어떤 사람이 활동은 많은데 내면성이 없다면 그를 영적인 사람이라고 하기는 어렵습니다. 사실 '**초월성**'과 '**내면성**', '**성장**'은 영성의 기본적인 요소입니다. 하나님은 구약의 돌판에 새겨져 있던 계명을 우리의 마음 판에 새겨 주셨습니다. 소중한 보화가 쉽게 발에 채이지 않으면서도 그 보화를 소중하게 여기며 탐험하는 자는 누구라도 알 수 있도록 말이지요. 모든 사람은 자신을 인도해 줄 내면의 빛과 거룩한 장소를 가질 권리를 가지고 있습니다. 그래서 자신의 영혼에 깊이 귀를 기울이면 무엇을 해야 할 지 알 수 있습니다.

코진Ewert H. Cousins 같은 학자는 모든 영성에 공통적으로 포함되어 있는 구성 요소는 바로 '인간의 내면'이라고 합니다. 그는 바로 **인간의 내면에서 초월적인 차원과 궁극적인 실체를 경험할 수 있다고 말합니다.*** 언더힐Evelyn Underhill 역시 '내향성'을 영성적 삶의 주된 속성으로 삼습니다. 그녀는 영성수련을 정

---

* Ewert H. Cousins, "What is Christian Spirituality?", Bradly C. Hamsom (ed.) *Modern Christian Spirituality: Methodological and Historical Essays*, (Atlanta, Georgia: Scholas Press, 1990), 40.

의하기를, 의식의 가장 깊은 곳으로부터 '영혼의 불꽃'을 끌어올려서 정신적 삶의 요소들을 변형시키는 것이라고 말합니다.* 이 관점에서 보면 영성 훈련은 의식의 방향성을 조절하고, 내면에 감춰진 불꽃을 끌어올림으로써 삶의 방향과 의식의 흐름을 바꾸게 하는 것입니다. 그래서 영성 훈련에는 성령님이 우리 안에서 말씀하시는 것을 잘 듣고, 대화하고, 삶에서 실천하는 기도의 방식들이 포함되어야 합니다. 성경의 의미도 제대로 모르면서 성경 몇 독, 기도 몇 시간을 채우는 것이 전부가 될 수는 없습니다.

특별히 오늘날에는 영성을 탐구하는 데 있어서 심리적 통찰psychological insight을 매우 중요시합니다. 그러나 그러한 작업이 심리적 환원과 자아의 신성화로 빠지지 않도록 해야 합니다. 그렇게 잘 식별한다면 심리적 통찰은 자신에 대한 참된 앎과 깨달음에 도움이 됩니다. 또한 사람들의 자존감을 회복시켜 주고, 정서적 통합을 가능하게 하는 긍정적인 측면도 있습니다.

단계

이 유형에서는 단계가 중요합니다. **각각의 단계는 어두운 밤을 통과해서 뚜렷한 전환점을 거쳐야만 도달**할 수 있습니다. 예를 들어 십자가의 요한은 조명의 단계는 정화의 길 후반에 나타나는 영혼의 어둔 밤을 통과해서 하나님과 영성 약혼에 도달한다고 했습니다. 또한, 합일의 단계는 조명의 길 후반에 나타나는 영혼의 어둔 밤을 통과해서 영성 결혼에 이르는 것이라고 했습니다. 십자가의 요한은 일치의 길을 '하나님과 완전히 결합된 상태'로서, '살아 있는 동안 도달할 수 있는 최고의 상태'라고 말합니다.

전통적으로 합일의 상태는 흔히 관상contemplation의 상태를 말하는데, 관상에 이르는 길 역시 단계적 성숙을 필요로 합니다. 관상이란 관조, 즉 실체의 내면을 바라본다는 뜻입니다. 표면적인 현실을 넘어서 내면의 본질

---

* Evelyn Underhill, *Mysticism* (Oxford: oneworld, 1993), 109.

과 깊이의 차원을 본다는 의미를 담고 있지요. 어원적인 유래로 볼 때 관상은 사랑의 연합에 의해 하나님을 체험함으로써 얻게 된 '봄seeing'의 지식을 말하며, 관상에 이르는 기도인 관상기도는 단순한 성찰이나 명상과 달리 오랜 영적 여정을 거쳐 형성됩니다.

성경 인물들의 삶도 자세히 살펴보면 영적 성장의 과정을 거치고 있다는 것을 알 수 있습니다. 깔끔하게 표백된 것 같은 가톨릭의 성인전과는 달리, 성경 안에는 생생한 삶의 실패, 좌절, 열등감, 성공, 축복, 기쁨 등 우리 삶의 모든 실제적인 모습들이 고스란히 들어 있습니다. 그 여정은 자신의 삶에서 체험을 통해 하나님을 맛들이는 과정입니다. 그것은 하나님을 아는 지식에 이르는 수업이며, 아들이 아버지를 알고 닮아가는 것과 같은 성숙의 과정입니다. 그곳은 **광야학교와 십자가를 통해 점점 더 큰 차원의 하나님 아버지에 대한 사랑과 형제자매들에 대한 사랑을 배우는 곳입니다.**

2. 한계

이원적 경향과 훈련의 동일성

수도원을 중심으로 한 전통적인 영성은 대부분 수도 생활을 하는 종교인들에게 맞습니다. 세속적인 일상을 넘어서서 골방에서 기도하면서 내면 깊이 계신 신과 만나야 하니까요. 그렇게 하다 보니 영성은 일상적인 것과는 전혀 다른 세계에 속한 것으로 여겨졌습니다. 우리가 살아가는 일상, 즉 먹고, 자고, 애 낳고, 공부하는 것과는 다른 것으로 말이지요. 다시 말해서 신비와 일상, 성과 속을 구분하고 분리하는 방식으로 영성을 생각했다는 것이지요. 이러한 이원론적 경향은 영성 생활을 특별히 구분된 삶의 방식이라고 전제하고, 하나님의 상(像)도 우리의 일상과는 분리된 존재로 인식하게 만들었어요.

이러한 수도원 중심적 영성은 자연히 삶의 영성을 무시하게 만들었습니다. 영성은 보통 사람들이 할 수 있는 게 아니고 특별한 종교 엘리트들이 하는 것처럼 생각하게 된 것이지요. "아, 수도사가 저기 있네. 저 사람들은 우리와 달라. 정말 깨끗해. 오! 저 모습을 좀 봐. 너무나 훌륭한 목사님이시네. 그러니까 우리와 삶이 다르지. 우리는 일상이 너무 바쁘니까 훌륭한 분들에게 기도나 받자." 귀한 분을 귀하게 여기는 것은 좋지만, 이렇게 하나님과 깊이 관계 맺는 삶이 자신과는 상관없는 것처럼 치부해 버리는 단점이 생겼습니다. 특별히 루터는 **만인제사장직을 강조하면서 세속의 삶에도 영성이 있다고** 하였지만 그 후에 오히려 가톨릭은 수도자나 사도들의 권위를 더욱 강조하였습니다. 개신교 역시 점진적으로 성직자들의 위상과 특별함을 강조하면서 인간적인 갈등과 아픔, 일상의 삶, 연약함 등을 영성에서 제외하곤 했습니다.

홈즈(Urban T. Holmes)는 **이러한 경향이 영성을 다양한 일상의 삶과 분리시키고, 특별한 단계의 정점에서나 맛볼 수 있는 것처럼 여기는 단점**이 있다고 말합니다.

> 신비적 영성은 신과 특별한 인간의 합일이라는 신비적 경험을 묘사한 것으로 인간의 능력으로는 도달할 수 없는 초월적인 경지에 도달하고자 하는 목적적(terminal) 이미지를 가진다. 반면 수덕적 영성은 신비적 영성을 체험한 수도사의 지도나 일정한 지침에 따라 훈련하는 것으로 도구적(instrumental) 이미지를 가졌다. 이러한 체계가 영성 신학에도 반영되어 성-속 이원 구도를 낳는 평신도 중심의 수덕 신학, 엘리트주의를 강화시키는 신비 신학의 위계화로 정착되었다.*

결과적으로 이러한 유형은 그리스 신화에 나오는 프로크러스테스의 침대Procrustean bed와 같은 폐단을 낳았습니다. 프로크러스테스라는 강도는 자기에게 꼭 맞는 침대를 하나 가지고 있습니다. 그는 이 마을과 저 마을을 연결하는 산 하나를 차지하여 여관을 짓고 자기 몸과 똑같은 침대를 여러 대 둡니다. 그리고 그 산을 통과하는 이들의 몸 치수를 재서 키가 자기 침

---

* Urban T. Holmes, *Spirituality for Ministry*, (Harper & Row, 1982, 50). 2.

대보다 크면 그 침대에 맞게 다리를 자릅니다. 작으면 몸을 있는 대로 잡아당겨서 침대크기로 늘이지요. 이 프로크러스테스의 침대는 살아있는 삶을 제한하는 지배와 판단과 억압의 틀에 대한 상징이라고 볼 수 있습니다.

이러한 폐단은 사실 영성이 일상의 삶과 분리되고, 신비의 영역이 특별한 사람들의 전유물처럼 생각하는 경향에서 생겨났습니다. 하나님과 깊이 하나 되는 일치의 경험이 수도원적 환경에서만 이루어지는 것처럼 강조되다 보니, **수도원적 경험을 그대로 적용하게 된 것이지요.** 자연히 영적인 삶은 차원이나 성장을 강조하기보다 주로 일상을 희생하는 특별한 삶을 의미하게 되었습니다. 즉 그런 삶을 사는 사람들이 일상적인 삶을 살아가며 시민으로써 책임을 지고 불의한 세계에 맞서는 사람들보다 우월하다고 여기거나, 가난과 고통받는 세계를 회피하는 결과를 낳았습니다. 무엇보다도 '내적인 비범한 상태'에만 초점을 맞추면서 대단히 개인주의적인 방향으로 흐르게 되었습니다.

다양한 삶의 현실을 고려하기 어려움

현대에 들어오면서, 심리학, 자연과학, 현상학, 해석학 등의 다양한 학문적 성과들을 영적 삶에 구체적으로 적용하는 흐름이 생겨났습니다. 자연히 이러한 흐름 속에서 사람들은 정해진 지침, 기도시간, 봉사 등의 일정한 규칙만을 적용하는 방법론에 대해서도 의문을 갖게 되었습니다. 하나님이 각 사람을 창조하신 무지개 색깔의 영성이 사라지게 되는 것을 염려하는 것이지요. 특별히 포스트모던적 흐름은 단계적 구도가 가진 분리적이고 위계적인 위험성을 거부합니다.

단계적인 구도를 거부하는 이들은 영성에서 사용하는 '자기부정, 믿음의 성장, 신적 조명, 하나님과 이웃 사랑 안에서의 성장' 같은 용어가 영적인 여정 내내 순간순간 현존하는 특성이라고 봅니다. 구체적이고 다양한 현실을 살아가는 사람들은 각자 자신의 기질과 경험, 상황, 소명 등에 따라서 여러 가지 다른 길로 이끌림을 받았다고 생각하는 것이지요.

칼 라너Karl Rahner는 하나님에 대한 깊은 친밀감, 환시, 황홀경 등 **합일에 이른 영성가들의 신비 체험이 일상적 삶을 살아가는 보통 사람들이 받는 은총과 '본질적으로' 다른 것은 아니라고** 말합니다. 즉 신비적 합일에 이른 수동적 관상의 상태나 초기적 믿음을 가진 초신자가 받는 **은혜의 측면이 어떤 원형적 측면에서는 같다**는 것입니다.* 다시 말해서 공통적으로 나타나는 영적 원형을 중심으로 훈련을 해야 하지만, 다른 한편으로는 각자의 삶에 맞는 고유함과 다양성을 존중해야 한다는 것이지요.

영적 단계나 영성 지도가 위계(位階)로 느껴짐

이 유형의 단점은 영적 성장의 단계가 위계처럼 느껴지는 것입니다. 실제로 **단계적 영성 훈련의 범주와 논조에는 가부장적 사고방식, 성과 속의 이원적 분리와 힘의 논리가 결합되어** 있지요. 그 결과 영성의 가치에는 개인의 야망이나 세계 지배와 같은 성취와 자율의 추구가 스며들었습니다. 자연히 영적 생활은 계급적이고 제도적인 위계처럼 인식되면서, 영적 진보를 나타내는 단계에 대한 표현은 완성의 사다리와 같은 이미지로 굳어지게 되었습니다. 어둔 밤을 헤쳐 나가는 식별과 안내로서의 영성 지도 역시 엄격한 규칙과 형식적 지침으로 간주되었지요. 자연히 각 개인의 고유하고 다양한 삶을 인정하기 원하는 현대적 정서에도 맞지 않게 되었습니다.

문제는 이러한 분위기가 하나님의 신비를 알아가는 영적 여정에 장애가 될 수 있다는 것입니다. 제자들에게조차 예수님은 물 위를 걷는 유령처럼 보이기도 했고, 하나님은 마리아에게 미혼모가 되라고 요구하는 위협자처럼 느껴질 수도 있습니다. 이와같이 우리 자신을 초월해 있어서 우리의 한계를 넓혀주는 믿음의 신비를 받아들인다는 것은 쉬운 일이 아닙니다. 영성 지도는 세속적인 관점이 그러하듯 위계나 권위, 우월성의 확보가 아닙니다. 헨리 나웬Henri Nouwen은 영적 어둠의 길에서 지켜 주고 길을 안내하는 자에 대한 믿음이 하나님과 함께 가는 삶에서 매우 중요한 요소임을 알

---

* Egan Harvey, *Karl Rahner, What are they saying about Mysticism?* (New York: Paulist Press, 1982), 48.

려 줍니다. 특별히 자아가 지나치게 고양되어 있는 이 시대에는 더욱 그렇습니다. 실제로 아무에게도 순종하지 않는 사람은 결국 자기만을 높이는 사람이 될 것입니다. 따라서 보다 친밀하면서도 자기의 한계를 벗어나서 순명의 가치를 이해할 수 있게 하는 영성 지도법이 필요합니다.

Ⅱ. 임재를 강조하는 영성

1. 특징

영성의 두 길을 나타내는 앞의 그림에서 오른쪽은 현대적 영성의 유형을 나타내는 것입니다. 이러한 현대 영성은 경험의 다양성, 관계성을 강조하며 영적 성장의 단계보다는 '순간'을 강조합니다. 이 그룹에서는 **인간이 경험하는 일상과 세계에는 하나님이 이미 내재하신다는 임재presence의 관점을 중요시**합니다. 또한 모든 인간은 신분이나 종파에 관계없이 선험적으로 이미 하나님을 체험하고 있다고 말합니다. 이러한 신비로 이끌리는 사람은 종교적인 사람이든 비종교적인 사람이든 상관없이 영성이 존재한다는 것이지요. 한마디로 말하자면 인간은 본성적으로 영적인 존재라는 것입니다.

산드라 슈나이더스Sandra Schneiders는 영성이란 "소외나 자기 몰두가 아니라면 궁극적 가치를 향한 자기 초월을 통해서 삶의 통합을 추구하려는 인간의 의식적인 모든 경험"이라고 합니다.* 그녀의 말에 따르면 굳이 하나님이라는 존재를 인정하지 않더라도, 또 어떤 특별한 여정을 거치지 않더라도 자유와 평화와 사랑 등 궁극적 가치를 위해 일하고 있다면 영성가인 셈입니다.

이러한 영성의 경향은 1970년대 이후의 세계관을 반영합니다. 절대성, 이원성, 인과성을 강조하는 세계관이 무너지고 아인슈타인Albert Einstein의 상대성 이론, 양자론과 소립자론, 카오스 이론과 프랙탈 이론, 불확정성의 원리 등을 수용한 복잡계complex system 이론이 대중들에게도 널리 알려지게 되었습니다. 새로운 세계관은 기존의 뉴튼Issac Newton식 사유, 즉 인과적

---

* Sandra M. Schneiders, "Theology and Spirituality: Strangers, Rivals, or Partners," *Horizons*, 13/2 (1986), 266.

이며 결정론적이고 기계적인 사유에 충격을 던졌습니다. 이러한 변화에 따라 신(神)이라는 존재를 생각할 때 가장 먼저 떠올리게 되는 절대성, 전능성에 대해서도 새로운 관점이 생겨나게 되었지요. 사람마다 신과 세계를 경험하고 실재화하는 인식의 길이 다양하고 상대적임을 고려하게 되었습니다.

다양성

이렇게 다양성과 상대성에 대한 관심은 영성을 바라보고 연구하는 시각에도 영향을 끼치게 되었습니다. 이제는 누구나 다양한 자기 삶의 바다를 항해하면서 순간순간 북극성과 같이 끊임없이 빛을 던져 주는 신적 존재에 나침반을 맞추어 갑니다. 그러면서, 자기가 진정으로 기쁨을 누리며 행복하게 살 수 있는 길, 더 나아가 자신이 누리는 행복을 세계와 이웃을 위해 나누고 헌신할 권리와 의무가 있다는 것을 알게 되었습니다. 즉 **영성의 높이와 깊이는 반드시 특별한 종교인들만이 맛볼 수 있는 것이 아니라 각 사람에게 숨어있는 신비의 비밀을 깨달음으로 가능**합니다. 그래서 다양한 삶에 알맞은 맞춤 영성이 필요하게 되었습니다. 따라서 첫 출발이라고 할 수 있는 영성의 씨앗이 무엇인지 찾아내고, 그것을 가지고 자기에게 주어진 삶의 다양한 모습들과 상호작용하면서 성장하도록 도와야 합니다. 그 과정에서 말씀도 읽고, 기도도 하고 자신에게 주어진 소명에 따라 공동체와 함께 헌신해 가며, 하나님의 교육 과정에 따라 연단과 축복을 경험하며 성장하는 것이지요. 그 전제는 하나님은 어디에나 계시고 누구나 하나님의 임재를 체험할 수 있다는 것입니다. 이때 영성 지도는 각 사람에게 숨어 있는 영적 잠재력을 발굴하고 꽃피우는 것입니다.

관계성

세계를 향한 관계성 또한 현대 영성의 강력한 흐름이라고 할 수 있습니다. 이 관점에서 영성은 삶 자체 life itself, 삶의 방향 the direction of life, 또는 삶의 길 the way of life 이라고 이해됩니다. 이 경우 영성은 **우리의 삶 전체, 즉 사회적, 정치적 영역을 포함하는 전인적이고 총체적인 삶의 모습**입니다. 즉, 영혼과 몸, 인간과 인간과의 관계, 생물과 무생물을 포함하는 모든 피조물과의 관계로 확장됨을 의미합니다.

특별히 포스트모던 시대의 기독교 영성은 세상을 삶에 필수 요소로서 중요하게 받아들이며, 삶의 다양한 모습들과 관계들을 중시합니다. 다른 종교에도 개방적이며 선한 의지에 대한 모든 사람들의 보편적이고 공통된 근거를 찾으려고 하지요. 필립 셸드레이크P. Sheldrake 같은 이는 서로 배타적인 체계는 점점 절충되어 가고 있으므로, 영적 신식민지주의를 경계해야 하며 종교간 대화의 복잡성을 인식해야 한다고 봅니다

순간

이 영성 유형에서는 단계가 아니라 순간을 강조합니다. **매 순간 인간이 경험하는 일상과 세계는 하나님이 이미 내재하시는 장소**라고 생각합니다. 하나님은 세계 안에 임재하시며 당신 자신을 전달하시기에, 일상의 모든 사물이나 사건들을 통해 **매 순간 경험하는 신적 현존**이 바로 영성이라는 것입니다. 이 영성 유형의 흐름에 있는 이들은 단계를 주로 수덕修德적인 경향이 강한 것으로 비평하고, 순간은 하나님의 주도권이 더 강조된 개념이라고 생각하기도 합니다.* 즉 인간은 본성적으로 영적인 존재이며 모든 인간들은 서로 알려지고 사랑하고 사랑받고 자유롭게 하는 능력을 가지고 있기 때문에, 특별한 훈련과정 없어도 이미 영적인 존재라는 것입니다. 이러한 현대 영성에서 주로 보이는 경향 중 하나는 모든 인간 삶의 일상적인 경험 가운데 존재하는 신성의 임재를 중시하는 것입니다.

2. 한계

진위 식별의 문제

임재를 강조하는 영성 유형을 실제 우리 삶에서 적용해 보면 석연치 않

---

* Egan Harvery, *What are they saying about Mysticism?* (New York: Paulist Press, 1982). 1.

은 점이 너무 많습니다. 언제 어디서나 모든 삶에서 영성을 체험한다고 하는 것이 코에 걸면 코걸이, 귀에 걸면 귀걸이 식이라는 것이지요. 실제로 서점에 가보면 '영성'이라는 꼬리표를 붙이고 등장하는 수많은 책들을 볼 수 있습니다. 종교, 역사, 심리학, 신학, 현상학 등 거의 모든 분야의 서적에 '영성'이라는 수식어가 붙어 있습니다. 어떤 이는 이러한 경향을 꼬집어서 영성이라는 말이 닥치는 대로 먹어 치우는 코끼리 같다는 비평을 하기도 했습니다. 실제로 많은 이들이 자기 개발이나 정신적 탐구, 심리 현상, 전인성 全人性, 자기 신성화, 창조성, 성령론, 인간 성숙, 윤리적 실천과 영성을 굳이 구분할 필요를 못 느낀다고 말합니다.

그리스도교 영성은 단순히 만물에 영적인 기운이 있다고 하는 원시종교의 정령숭배 精靈崇拜나 범신론pantheism과는 다릅니다. 영성을 말할 때 진정성과 성숙, 식별을 강조하는 이유가 여기에 있어요. 또 우리는 관계에 있어서도 모든 관계가 다 영적이거나 공동체적이지는 않다는 것도 경험적으로 알게 됩니다. 머튼은 진정한 공동체가 되려면 구성원들이 내적 자유를 가지고 있어야만 한다고 말합니다.* 그는 우리에게 진정한 내적 자유가 없으면 체제의 일부로 흡수되어 버리고, 자기도 모르게 구조악이나 집단의 이익을 위해 봉사하게 된다는 것을 깨우쳐 줍니다.

> 집합체는 연결되지 않은 개체들로 구성된 대중들이다. 그것은 중심을 잃어버리고 감성이나 지적인 목적도 없이, 비천한 이익에 수동적으로 의지하기 위하여 그들 자신의 내면을 꺼버린 공허하고 소외된 인간들로 구성되어 있다.**

소외된 인간들의 관계성은 실제로는 공허한 자아의 두려움과 외로움에 대한 투사나 집단 이익을 결속시키는 도구로 전락한다는 것입니다.

---

* Thoms Merton, Disputed Questions (New York: Farrar, Straus & Cudahy, 1960), 10.
** 위의 책, 2.

실용주의와 우상화의 위험

다음으로 이 영성 유형이 받는 비평은 대중적 실용주의와 합해져 있어서 우상성에 대한 진위 역시 구분이 안 된다는 것입니다. 매킨토시Mark A. Mcintosh는 **영성을 인간 삶의 전반으로 확대시키는 경향이 하나님의 절대적 자유를 손상시키고, 하나님의 심오함이 탐구되지 않은 채로 남아있게 된다고 지적합니다. 또 다른 한편으로 신비적 타자의 초대가 없는 자기초월적 자아는 하나님과 상관없는 형이상학적 자아처럼 보입니다.*** 초월적 자아를 추구하며 자기 자신을 신성화하는 경향이 바로 우상화입니다. 인간이 하나님과 상관없이 자기를 신성화하고자 하는 이러한 경향은 현대인만이 아니라 모든 시대 인류의 공통된 죄의 경향입니다.

버나드 맥긴Bernard McGinn 같은 학자는 **'임재'라는 말이 하나님의 절대적 자유 및 초월적 신비를 잘 표현하지 못할 수 있다고 경고합니다.**** 결국 인간 경험과 세계, 자연이 다양한 이름으로 만물상 같은 하나님의 상을 만들어 내게 된다는 것이지요. 더구나 인간의 필요에 따라서 그러한 신비적 차원을 실용적인 관점으로만 추구하는 것은 결국 기복으로 흐르게 합니다. '응답받는 기도 3일 완성', '치유의 능력을 받는 비결', '긍정의 힘' 등에 집중하는 것이 그러한 예가 될 것입니다.

하나님의 부재를 이해하기 어려움

따라서 이러한 영성의 관점을 비평하는 사람들은 임재만을 강조할 때, 모든 피조물적 상징을 벗어난 하나님의 자유와 부재不在의 경험을 설명하기 어렵다고 말합니다. **성장 과정에는 그 이전의 하나님관이 무너지면서 하나님이 계시지 않는 것 같은 부재의 시간들이 있습니다.** 그런데 임재의 관점만으로는 하나님의 초월

---

*매킨토시, 정연복 역, 『신비주의 신학: 영성과 신학의 어우름』(서울: 다산글방, 2000), 46.
** Bernard McGinn, "The Foundations of Mysticism," vol. 1, *The Presence of God: A History of Western Christian Mysticism* (New York: Crossroad, 1991), xvii. 여기서 맥긴의 요점은 합일(union)이라는 말에 대한 다양한 해석을 시도하고자 하는 것이다. 이 시도의 한 예로 그는 임재보다 신적 근거(ground)라는 말이 합일의 역동적이고 복합적인 상태를 훨씬 더 잘 표현한다고 본다.

적 신성을 온전히 표현하기 어렵습니다. 특히 종교적 자아가 죽는 과정은 신神관념에 투사되어 있던 모든 우상적 요소들이 벗겨지는 대전환을 이루는 때입니다. 합일은 형이상학적 고양ascent이 아니라 십자가에서 하나님에게까지 버림받은 예수 수난으로서의 하강descent이 만들어 내는 역설적 참 고양the Ascent으로서의 체험이지요.

특별히 기독교 영성의 중요한 전통인 부정 신학Apopatic theology에서 부재의 개념은 하나님의 초월적인 불가해성을 표현하며, 하나님과 인간과의 가장 긴밀한 의사소통 수단이라 할 수 있습니다. 어둠, 무, 초개념超概念, 무지無知의 지知 등으로 표현되는 상징은 하나님에 대해 갖고 있는 우상적 인식들을 넘어서 초월적 하나님을 바라볼 수 있도록 해 줍니다. **하나님에 대한 우리의 인식은 '임재와 부재의 변증적 진행'을 통해서 변화**되어 갑니다. 따라서 임재라는 말만으로는 영적 전환을 통과하는데 필요한 비약과 초월의 측면을 충분히 표현할 수 없습니다.

Ⅲ. 나의 삶에 적용하기

1. 초월성과 내재성

신비현상학자 루돌프 오토 Rudolf Otto는 초월적 하나님과 만나게 되면 역설적인 양가감정兩價感情을 체험하게 된다고 말합니다. 한편으로는 너무나 낯설고 두려운 경외감, 다른 한편으로는 그토록 만나고 싶었던 친밀한 황홀감입니다. 이 두 감정은 영성의 원형이라고 할 수 있으며, 내재적 차원을 안에 포함하고 있는데, 성장하면 할수록 전율은 정의와 힘으로, 황홀은 사랑과 자비와 같은 특성으로 발전한다는 것입니다. 이러한 양가적 감정은 역설적인 쌍을 이루는 것으로, 만일 이 한쪽 측면이 결여되면 종교생활이나 체험이 한쪽으로 치우치게 됩니다. 예를 들어서 **전율적인 차원 즉 선지자적 요소가 결여된 종교생활은, 정의의 차원이 없이 기복적이고 감정적인 사랑에 치우치게 될** 수 있습니다. 또한 **황홀의 측면이 결여되고 전율만이 강조되는 종교는, 사랑 없이 정의만 강조하여 억압적이고 권위적이며 교리체계를 중시하는 율법적인 성격이 강해지는 것입니다.** 이것은 정의와 사랑의 속성을 다 갖고 계신 하나님의 한쪽 측면 만을 강조하여 하나님의 이미지를 왜곡하는 것입니다.

앞에서 말한 영성의 **두 길도 역시 한쪽만 강조한 것입니다.** 합일을 추구하는 전통적 영성은 주로 하나님의 비합리적 원형의 측면을 강조하며, 우리와 전혀 다른 타자로서의 하나님을 경외하고 거리와 간격에 집중하는 것입니다. 이러한 차원은 반드시 필요하지만 성장하면 할수록 내재적인 합리화, 제도화가 진행되어야 보다 많은 사람을 섬기게 됩니다. 그러나 그 범위가 지나치게 세속화되고 인본화되면 율법적이고 교리 만능적이고 위계질서적으로 변질되는 것이지요.

마찬가지로 임재를 강조하는 영성은 우리와 함께하시는 사랑의 하나님을 체험하는 일에 집중합니다. 그러나 만일 하나님의 초월적인 측면, 즉 두려움과 경외감의 속성이 결여된다면, 기복적이고 인본주의적인 종교로 왜곡될 위험이 많습니다. 굳이 하나님이라고 할 필요가 없는 대상을 섬기는 우상화의 결과를 낳을 수도 있겠지요. **영적으로 성장한다는 것은 이 두 차원이 균형을 이루며 통합된다는 것**을 의미합니다. 따라서 이러한 영성의 두 길이 잘 통합되고 균형을 이루는 것이 필요합니다. 만일 한쪽으로 치우쳤다면 영적 전환과 돌파가 필요합니다.

2. 자율과 타율

영성에서 수덕修德적인 측면을 빼 놓는다면 아마 영성이라고 하기는 어려울 것입니다. 합일의 길에 이르는 수덕과 신비의 과정은 원래는 인간의 노력과 하나님의 은혜라는 역설적인 두 측면을 가리키기 위한 것이었습니다. 초월적 하나님의 은혜를 체험할 때 인간은 자유를 경험하게 됩니다. 해방 사건이 일어나는 것이지요. 하나님은 세계보다 더 큰 분이시니까요. 이전에 필연에 의해 제한되었던 상황을 탈출하고, 삶을 새롭게 재구성할 수 있는 힘이 생깁니다. 마치 이스라엘 백성들이 이집트의 노예로 살다가 출애굽하면서 자유인이 되는 것처럼 말이지요. 자연히 인과적 결정론에서 빠져나오게 되고 승리하는 삶을 살게 됩니다. 이러한 자유가 지속적으로 하나님의 은혜 가운데서 체험되어야 신앙의 본질적인 역동성이 유지될 수 있습니다.

그러나 인간의 자유와 자율성을 강조하는 것이 범위를 넘어 왜곡되면 자기 확신, 개인주의, 자기 신성화에 빠질 수 있습니다. 자신도 모르게 신앙의 주도권을 자신에게 두면서 자기 성취와 도취에 빠지게 됩니다. 이 두 요소는 신앙생활에서 자율적인 신앙과 타율적인 신앙의 형태로 나타날 수 있습니다. 이 두 형태의 신앙생활이 잘 조화되고 적정한 범위 안에 있도록 하는 것이 중요합니다. 모든 것이 적정범위 내에서는 크게 문제되지 않습니다. 타율적인 신앙의 동기에는 주로 안정 욕구가 많습니다. 사실 두려움도 있어야 조심도 하고 대비도 하겠지요. 그러나 주어진 제도안에서 주어진 지침을 따르기만 한다면 영적 전환이나 성장은 어렵게 됩니다. 신앙의 본질을 무시하고 집단주의에 빠질 수 있습니다. 교리주의, 근본주의, 율법주의, 성직주의 등의 모습이 이에 해당됩니다.

또한 자율적인 측면이 있어야 하지만 자기중심적이거나 훈련받지 않은 저항으로 성령의 역사를 방해하지 않도록 조심해야 합니다. 자율성의 지나친 강조는 자기 신성화, 상대주의, 영지주의, 절충주의, 혼합주의, 자기 확신 등으로 왜곡될 가능성이 있습니다. 신앙의 본질은 '하늘의 뜻에 따르는 순명'에 있습니다. 예수님은 30년간 불평 없이 가정에서 잘 지내셨습니다. 그분은 십자가에서까지 하나님의 말씀에 전적으로 순종하셨습니다. 예수님의 순종의 삶은 그분이 스스로 선택한 자유의지에 근거하고 있었습니다. 그 자유에는 넘쳐나는 생명력이 있었습니다. 자유와 생명이 없는 순종과 타율은 금새 형식적인 종교생활이 되고 맙니다. 순명은 주어진 명령과 규칙을 지키는 것이 아니라 온전한 자유와 내적 힘에 근거한 것입니다.

✳ 머물기

나의 영성은 두 길의 유형 중 어디에 속해 있나요?
장단점은 무엇인가요?

✳ 나누기

✷ 사랑의 기도

하나님, 모든 것을 선과 악, 좋은 것과 나쁜 것, 적과 동지로 나누는 단편적인 삶에서 더 나아가기를 원합니다.

빛은 아름답지만 또한 그림자가 동반되듯 우리의 삶에는 역설이 있다는 지혜를 깨닫게 하옵소서.

늘 내 판단에 매여서 정죄하고 이분적으로 가르는 습관에서 벗어나기를 원합니다.

진리에 서지만 그림자를 볼 줄 알고 언제나 내 자리에 묻어나는 왜곡의 허물들을 더 자세히 보게 하옵소서.

더 성숙한 차원과 새로운 전환의 길이 있다는 것도 겸손히 알게 하옵소서.

균형 있는 삶을 허락하시고 적절히 지울 줄 아는 지혜로움을 허락하옵소서.

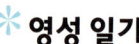 영성 일기

첫째 날
_____
_____

둘째 날
_____
_____

세째 날
_____
_____

네째 날
_____
_____

다섯째 날

여섯째 날

일곱째 날

3 *세.번째.만남

영성의 새로운 길

| 이끔말 |

| 묻고 탐구하기 |

| 영성의 지형도 그리기 |

Ⅰ. 영성의 새로운 길
    1. 하나님-나-세계의 관계구조
    2. 영성의 원형과 성장

Ⅱ. 부르신 자리에서 갈망을 갖고 성장하기
    1. 부르신 자리에서
    2. 갈망을 갖고 하나님 안에서

| 머물기 |

| 나누기 |

| 사랑의 기도 |

| 영성 일기 |

(이끔말)

당신을 위해 이 글을 씁니다.
내일 태양이 뜰 텐데 비가 올 거라고 걱정하는 당신에게
행복과 불행의 양이 같다는 것을 알지 못하고
아직 슬픔에 젖어 있는 당신에게
늙기도 전에 꿈을 내던지려고 하는 당신에게
또한 세상은 꿈꾸는 자의 것이라는 진리를
아직 외면하고 있는 당신에게

당신은 상처받기를 두려워할 만큼 아직 늙지 않았습니다.
멀리뛰기를 못할 만큼 다리가 허약하지 않습니다.
우산과 비옷으로 자신을 가려야 할 만큼
외롭거나 비판적이지도 않습니다.

또, 무엇보다 당신의 시력, 눈은
별을 바라보지 못할 만큼 나쁘지도 않습니다.
당신에게 필요한 건 단 한 가지 마음을 바꾸는 일입니다.

마음을 바꾸면 인생이 바뀐다는 평범한 진리를
다시 한 번 옛 노트에 적어보는 일입니다.
당신이 한때 가졌던
그리고 아직도 당신 가슴 속에서 작은 불씨로 남아있는
그 꿈을 실현시키는 일입니다.

한 쪽 문이 닫히면 언제나 다른 쪽 문이 열리지요.
문이 닫혔다고 실망하는 당신에게
다른 쪽 문을 찾아보기를 두려워하는 당신에게

앙드레지드가 말했습니다.
"지상에서 아무것도 집착하지 않고 부단히 변화하는 것들 사이로
영원한 열정을 몰고 가는 자는 행복하여라."

당신을 위해 이 글을 씁니다.
당신이 이 글의 주인공이기를 원합니다.
삶은 때론 낯설고 이상한 것이긴 하지만
신은 목적을 갖고 당신을 이곳에 있게 했습니다.
그 목적을 외면한다면 당신은 외롭고 고립될 수 밖에 없습니다.
자신에게 주어진 배움을 충분히 실현할 만큼
당신은 이미 완전한 존재입니다.
당신이 삶을 창조합니다.
다른 그 누구도 당신을 대신할 수 없습니다.
불면의 밤을 헤치고
자기 자신과 대면하기 위해 길을 떠나는 당신에게
경험하기 위해 세상에 왔음을 안 당신에게
창조적이고 평상적인 삶을 두려워하지 않는 당신에게
이 글을 바칩니다.

—— 킴벌리 커버거 Kimberly Kirberger, 〈당당한 내가 좋다〉

(묻고 탐구하기)

토마스 호라Thomas Hora의 이야기입니다. 어떤 조각가가 커다란 대리석 덩이를 놓고 망치와 정으로 열심히 작업하고 있었습니다. 그것을 지켜보던 한 소년에게는 여기저기 떨어지는 크고 작은 돌 몇 조각들 외에는 보이지 않았어요. 몇 주 후에 소년이 작업실에 와 보니 놀랍게도 대리석 덩어리가 있던 곳에 크고 힘센 사자가 앉아 있었습니다. 소년은 흥분하여 조각가에게 달려가 말했습니다.

"선생님, 어떻게 대리석 속에 사자가 있는 걸 아셨어요?"

영성의 여정은 대리석 덩이에 숨은 사자를 바라보고 그것을 가시화하는 과정입니다. 구체적인 길은 하나님께서 우리 삶의 교육과정에 이미 숨겨두셨지요. 망치와 정을 들고 우리 삶을 실제적으로 조각하는 분은 하나님이십니다. 영적 지도란 이 과정을 조심스럽게 도우면서 구체적인 형상이 드러나도록 안내하는 것입니다. 순명順命 역시 하나님이 깎아 내시는 과정과 우리 삶에 숨겨둔 원형이 점점 그 모습을 드러내고 자라나도록 그분께서 하시는 일을 따르는 것 입니다.

Q. 당당하게 그러나 겸손하게! 하나님과 함께 성장하는 나의 모습을 그려 봅니다. 10년 후 나는 어떤 모습일까요?

(영성의 지형도 그리기)

I. 영성의 새로운 길

1. 하나님-나-세계의 관계 구조

두 번째 만남에서 우리는 영성의 두 길에 대하여 배웠습니다. 각각의 길이 지닌 장점과 단점도 살펴보았지요. 우리는 두 길이 가진 장점을 최대한 활용하면서 각자의 삶에서 하나님께서 예정하신 영성의 꽃이 피어나도록 해야 합니다. 그 길을 가기 위해 먼저 영성을 실현하는 방법론에 대해 살펴보겠습니다.

우리는 사물을 구분하거나 정의할 때 주로 유형적으로 정의하는 방식을 사용합니다. 소위 체계적 학문의 방법론이 다 이 방식을 따르고 있습니다. 장점은 무엇일까요? 효율적이고 실용적입니다. 영성의 두 길도 이러한 유형적 분류 방식에 따른 것이지요. 초월과 내재, 내면성과 활동성, 임재와 부재, 긍정과 부정 등. 그러나 살아 움직이는 삶과 보이지 않는 내면 그리고 초월적 신과의 관계를 다루는 영성은 이러한 유형적 방식으로만 접근하기에는 적당하지 않습니다. 그래서 영성에 가장 적합한 새로운 방식을 개발하면서 또 필요할 때 유형적 방식도 활용해야 하지요. 어떻게 하면 앞 장에서 알게 된 영성의 두 길을 새롭게 구성할 수 있을까요? **즉, 어떻게 하면 내 삶에 꼭 맞게 삶의 고유성과 다양성을 인정하면서도 동시에 높이와 깊이, 넓이의 차원으로 성장하는 길을 발견할 수 있을까요?**

이 과제를 해결하기 위해 먼저 북극성과 지구의 관계를 살펴봅시다. 북극성은 지구에 살고 있는 우리에게 북쪽의 기준이 되기 때문에, 어떤 별을 찾으려면 먼저 북극성의 위치를 확인해야 합니다. '북극성은 움직이지 않는 붙박이 별이다.' 이것이 우리가 북극성에 대해 가지고 있는 생각입니다.

그러나 실제로 북극성이 기준이 되는 이유는 그것이 움직이지 않는 붙박이 별이기 때문이 아니라, 끊임없이 지구의 자전과 공전에 정확하게 맞추어서 돌기 때문이랍니다. 즉 북극성은 지구에 정확하게 상응相應하는 각도로 움직이고 있습니다. 그래서 바다에서 항해할 때 변치 않는 기준점이 됩니다.

만약 내가 바다 위에 떠 있는 돛단배 안에 있다고 합시다. 이 배가 잘 운행하려면 변화하는 바다의 흐름을 잘 타면서 북극성의 위치에 꼭 맞게 지시하는 나침반이 있어야 합니다. 이때 나침반은 일종의 경계와 지표 역할을 하겠지요. 그러나 배는 멈춰 서있지 않습니다. 바다는 계속 흐르고 있고, 그 변화하는 흐름에 순간순간 각도를 맞출 때만 정확하게 운행할 수 있습니다. 여기에서 변하지 않는 것은 북극성과 바다의 흐름과 배가 정확하게 상응하는 각도뿐인 것입니다. **영성 역시 변화하는 삶 속에서 하나님과 나 그리고 세계가 서로 정확하게 상응하는 관계 구조**입니다.

이 책에서는 자세한 방법론을 학문적으로 논의하기는 어렵지만, 혹시 관심이 있다면 〈무無의 역설, 무의 몸〉*이라는 이론서를 참고하는 것도 좋을 것입니다. 이러한 영성의 방법론을 세우기 위해서는 우리 삶의 모든 것들이 서로 교차적으로 관계하면서 돕는 것이 중요합니다. 학문적으로는 이것을 '교차학문적인 방법'이라고 합니다. 이를 위해서는 신학, 영성사, 영성을 경험했던 대가들의 사상과 경험, 이 시대 속에서 먼저 경험한 이의 안내, 종교현상, 특히 신비현상에서 나타나는 현상적인 경험들, 또 내면을 깊이 이해하기 위한 원형 심리학, 모든 사람들에게 나타나는 다양한 영성을 비교하기 위한 인류학적인 접근도 필요합니다. 가장 중요한 것은 구체적인 나의 삶에 꼭 맞는 영성을 발견하기 위한 해석학적 방법, 그 중에서도 전유적 appropriate, 專有的 방법**입니다. 우리는 이 모든 방법들이 서로 꼭 맞아 떨어지는 '관계의 구조'를 중심으로 공부하게 될 것입니다.

---

* 김화영, 『무(無)의 역설, 무의 몸』 (서울: 기독교서회, 2012). 근간.
** 자기의 것으로 만든다는 뜻이며, 각자의 삶에 꼭 맞는 영성을 형성해 나가는 해석과정을 의미한다.

2. 영성의 원형과 성장

앞에서 영성을 하나님과 나 그리고 세계가 만나는 '관계구조'라고 했습니다. 그 관계구조는 모두에게 보편적으로 있는 것이지만, 각자의 기질과 성품, 삶의 상황에 따라 저마다 독특한 것입니다. 그래서 모든 사람에게 공통적으로 나타나는 보편적인 측면을 세워가면서 다른 한편으로는 영성을 똑같이 만들지 않도록 노력해야 합니다. 각각의 삶에 어울리는 맞춤형 영성을 계발하여 자신과 하나님과 세계를 더 깊이 알아가고, 그 진위를 식별하도록 해야 하지요. 앞에 나와 있는 오른쪽 영성유형의 장점인 고유하고 다양한 삶을 중심으로, 왼쪽 영성유형의 장점인 초월성과 내면성의 차원을 각자의 삶에서 담아야 한다는 것입니다.

이러한 이치를 나비의 삶에 비유해서 말해 볼까요? 예를 들어서 내가 나비로 예정되었다고 해봅시다. 그러면 먼저 알로 태어나야 합니다. 그런데, "왜 나비가 아니고 알이지?" 하면서 알을 작은 나비로 만들려고 하거나, 다른 모습으로 잘라내면 알은 죽습니다. 영성도 각 사람마다 고유함이 있고 성장의 방식도 다양하기 때문에, 규격화된 지침을 만들면 공장에서 만들어내는 벽돌과 같이 됩니다. 모두가 네모가 되어야 한다고 주장하면서 네모난 틀에 나비를 집어넣고 날개를 자르면 나비는 죽게 됩니다. "성경 2독밖에 안했어? 최소한 100독은 해야지, 헌금 얼마 냈지? 십의 일조는? 그거 밖에 안 드려? 십의 오조 내는 사람도 있는데!" 이렇게 똑같은 형식을 적용하는 방식으로 영성을 훈련하면 안 된다는 것이지요. 바리새인들이 열심히 신앙생활을 합니다. 율법서도 다 외우지요. 그런데 그들은 예수님께 가장 꾸중을 받은 집단이었습니다. '이 방식이 옳다'고 믿는 일을 쌓고 쌓았는데, 정작 그 일은 영이 살아서 움직이는 것이 아니라 업적을 쌓는 것처럼 종교적 행위를 쌓아 올리는 일 뿐이었습니다. 그러다 보니 많은 영성의 표현들이 종교적 행위의 차원으로 멈추게 되었습니다. 살아있는 말씀이 율법이 되었습니다. 율법은 영의 차원을 정신의 차원으로 환원시키고, 기복신앙은 영을 몸의 차원으로 환원시킵니다.

영적 삶의 씨앗: 나는 나다

하나님께서는 각 사람에게 영성의 씨앗을 주셨습니다. 삶의 모습, 직업이나 성별이나 기질은 다양할지라도, 누구나 참 하나님, 참 세계, 참 자아와 일치하여 높이와 넓이와 깊이로 가는 가능성을 부여받았습니다. 그 길은 참다운 자기를 발견하는 것에서부터 시작됩니다. 그래서 각자의 길은 다양하지만 공통점이 있습니다. 즉, 거짓 자아의 패러다임이 참된 자기를 실현하는 성령의 패러다임으로 바뀝니다. 그래서 참된 자기는 진정한 '나' 다움과 연결됩니다. 그렇기 때문에 영적인 삶을 위해 영성에 관한 어떤 모델을 흉내 낼 필요가 없습니다. 오히려 보편적인 영적 이치를 깨닫고 예수 그리스도의 길을 따라 자신의 삶을 실현해 나가면 됩니다. 근원과의 지속적인 관계 안에서 자유를 가지고 다양성을 발현하기, 근원에서 시작된 원형의 빛을 가지고 자신의 구체적인 삶에서 해석하기, 이것이 영성 실현의 중요한 핵심입니다. 토마스 머튼은 〈명상의 씨〉에서 다음과 같이 말합니다;

> 많은 구도자들이 그들 자신이 되지 못했습니다. 그들은 하나님께서 원래 창조하신 자유로운 그들 그대로의 모습이 되지 못했습니다. 그들은 자기가 아닌 다른 누군가가 되려고 헛수고를 하며 시간을 낭비했습니다. 그들은 자기네가 만들어 낸 많은 이유로 몇 백년 전에 살다간 어떤 사람, 자신의 마음속에 심어주신 하나님의 창조물인 자기가 아닌 다른 어떤 사람이 되어야만 한다고 믿습니다. 그들은 다른 사람의 영성을 가지려고 노력한 끝에 몸과 마음이 지쳐버립니다. 거기에는 강한 자기 자만과 경쟁과 열등의식이 몰래 숨어있습니다. 자연은 있는 그대로 자기를 드러내며 자신을 과시하거나 열등감을 느끼지 않습니다. 그들은 하나님이 만들어주신 자기 자신에 만족합니다. 유독 인간만이 자기 스스로를 하나님인양 하며 자기들의 세계를 재창조하려고 애를 쓰고 있습니다.*

---

* 토마스 머튼, 조철웅 역, 『명상의 씨』(서울: 가톨릭출판사, 1961), 53.

성장은 이러한 원형(씨앗)을 잘 발견하고 삶에서 발현하는 것입니다. 만일 내가 도토리라면 이 씨앗이 잘 발현되고 심겨진 토양과 바람, 햇빛, 비 등과 상호작용하면서 상수리 나무가 되겠지요. **이 성장 과정에는 차원의 돌파가 필요합니다.** 만일 나비라면, 먼저 알의 상태에서 다른 차원으로 성장하기 위해서는 알에서 애벌레로, 애벌레에서 번데기로, 그리고 난 후 나비로 차원이 넘어가야 합니다. 그 이전의 차원을 초월해야 하는 것이지요. **또 이러한 초월적 전환이 있으려면 그 이전의 내적인 내용이 꽉 차야합니다.** 그 내용이 꽉 차기까지는 여러 가지 요소들, 자기 안에 있는 영양분, 물, 바람, 공기, 햇살, 돌보는 손길 등의 여러 좋은 요소들과 관계하면서 자라야 합니다.

각 사람에게 있는 이 씨앗이 하나님과 자신과 세계가 하나되는 방식으로 잘 커나가는 것, 그것이 바로 영적 상응 구조의 성장입니다. 기독교 전통에 나타난 영성가들의 다양한 경험에서도 **하나님-나-세계 관계에 대한 공통적인 구조가 발견**됩니다. 삶은 다양하지만, 어떤 시기에 경험한 새로운 사건, 느낌, 관계의 방식 등이 공통적으로 나타나는 구조가 있습니다. 특별히 기독교는 그 상응 구조가 삶에 나타난 십자가와 부활의 비밀 속에 있다고 가르쳐 줍니다.

Ⅱ. 부르신 자리에서 갈망을 갖고 성장하기

1. 부르신 자리에서

소명의 자리 발견

우리의 삶에는 영성이 발현되는 자리가 숨어있는데, 그 자리를 '소명의 자리Calling Locus'라고 부릅니다. 도토리가 땅에 묻혀서 싹을 내고 뿌리 내릴 그 곳, 나비의 알이 애벌레가 되었을 때 양식으로 먹고 자라야 할 줄기와 잎, 그 자리는 자기만의 영성이 자라는 가장 고유한 자리입니다. 우리 역시 하나님이 우리를 부르신 정확한 자리에서 차원을 넘어가고, 지평을 넓히고, 다양한 요소들과 상호작용하면서 성장합니다. 이 자리가 중요합니다. 만일 내가 도토리인데, 물 가운데 있거나 아스팔트 위에 있으면 안 되겠지요. 따라서 영적 성장의 중요한 초점 중 하나는 '소명의 자리'입니다. 나를 부르신 그 자리는 어디인가요? **하나님의 축복과 은총이 있고, 모든 일이 섭리 가운데 이루어지는 그 자리를 찾아내는 것이 중요합니다.**

차원의 전환

예를 들어서 나비가 알의 차원에 있다고 합시다. 알의 상태에 있는 나비에게는 사방이 벽처럼 느껴집니다. 그러나 사실 알을 감싸고 있는 것은 자신이 먹을 양식이라서, 이것을 차근차근 먹어서 자라나야 합니다. 마찬가지로 지금의 현실, 나에게 주어진 상황도 훈련의 과정입니다. 막연하게 '답답하다. 나비가 돼서 훨훨 날아야지' 하면 힘들기만 합니다. 지금 내 자리, 지금 여기를 먹고 자라나야 해요. 먹고 열심히 자라면 때가 옵니다. 벗어날 때가 있어요. 연단 받는 과정에서는 모든 것이 잘 안되고 답답한 것 같지만, 그것은 하나님께서 우리를 다른 것들과 분리시키시면서 내실을 키우시는 중이기 때문입니다. 일이 너무 잘 되고, 아침부터 밤까지 사람들을 만나야 되면 내면적으로 충분하게 양식을 먹을 시간이 없잖아요. 그래서 갇혀 있는 것처럼 답답한 시간과 공간이지만 집중적인 훈련을 통해 내적으로 충만해지도록 준비시키는 것입니다.

그 다음 알에서 나와 애벌레가 되어 꿈실꿈실 기어 다닙니다. 그러나 기어 다니는 공간이 작지요. 나비가 되어 창공을 훨훨 날아다니는 상태로 가기까지는 또 한 번의 갇힌 과정이 필요합니다. '갇혔다 풀어졌다, 갇혔다 풀어졌다, 연단 받았다 축복 받았다'를 반복하고, 점점 더 성장하여 궁극의 상태에 도달하게 됩니다. 이 과정을 3단계, 혹은 7단계로 표현한 사람도 있고, 12단계로 표현한 사람들도 있습니다. 영성 전통에서도 다양하게 표현되어 있습니다. 그러나 삶에서 이러한 차원을 경험한 사람은 직관적으로 각 사람이 어떤 과정에 있는지를 알 수 있습니다. 나비가 되어 본 사람만이 알도, 애벌레도, 번데기도 다 알 수 있어요. 애벌레인데 나비의 상태를 알 수 있나요? 만약 안다고 생각해도 그것은 상상일 뿐입니다. 왜 그럴까요? 다 차원과 관련이 있습니다. 예수님의 가르침은 나비와 같았습니다. 예수님은 온전히 자유했지요. 그래서 그분은 하늘을 날면서 땅을 연결해 주는 일을 할 수 있었습니다. **영적 지도는 이 차원에 대한 안내입니다.** 흔히 꿰뚫어 본다고 할 때, 그 말은 '**다른 차원이 총체적으로 보인다**'는 뜻입니다.

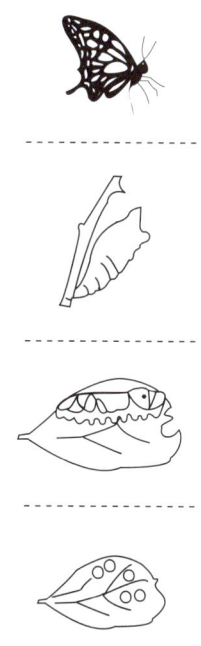

〈알-애벌레-번데기-나비〉

영적 성장은 이렇게 중층성重層性, 즉 다양한 차원을 포함하고 있습니다. 알이 세계와 연관해서 관계하는 방식을 보세요. 알 바깥의 세계와 관계하지 못합니다. 어미가 낳아준 알, 그냥 그 안에서 그 곳이 최고인 줄 알고 삽니다. 그 상태에서는 아직 세계와 관계를 맺지 못하지요. 그러다가 알에서 나오면 드디어 세상을 만나지요. 꼬물꼬물 기어가는 방식으로요. 애벌레는 한정된 세계와 공간 안에서 기어 다니다가 번데기라는 큰 누에고치의 세계로 들어가지요. 그 누에고치에서 나오게 되면 드디어 나비로 날게 됩니다.

큰 연단 과정 속에서 진화하고, 매일 매일의 삶 속에서 지나가고 또 지나가면서 성장하는 것입니다. 그래서 첫 번째로 영성은 차원의 성장을 의미합니다. 차원을 돌파해 나가는 것을 빼놓고 영성을 얘기할 순 없습니다. 만약에 아브라함이 자기가 살았던 땅에서 꿈을 꾸기 시작한다고 해봅시다. '이것이 다가 아닐 거야. 인도도 있을 것이고 한국도 있을 거야.' 하면서 배를 만들어 인도양을 건너고, 태평양을 건너서 지구를 한 바퀴 돌았다고 합시다. 이것만으로는 영적 성장이라고 할 수 없습니다. 지평이 넓어진 거죠. 그냥 온 세상을 한 번 돌아본 것입니다. 온 세상을 한 번 돌아본 것이 역사에 남을 수는 있겠죠. 그러나 성경에는 기록되지 않습니다. 지구를 한 바퀴 도는 것 자체는 성경에서 하나도 중요하지 않습니다. 이집트 제국의 그 굉장한 왕조들과 법전들과 예술들과 엄청난 노예들의 수는 성경에 기록되어 있지 않습니다. 그것이 하나님의 관심사가 아니기 때문입니다. 하나님은 영적으로 성장하기를 원하십니다. 그래서 성경의 주인공은 이 과정을 돌파한 사람들입니다.

2. 갈망을 갖고 하나님 안에서

영적 여정은 에너지를 필요로 합니다. 그래서 삶의 에너지가 되는 갈망 desire은 하나님께서 영적 여정을 이루시는 데 있어서 매우 중요한 요소라고 할 수 있습니다. 성장할수록 숨어있던 갈망이 드러나게 되고, 육적인 갈망이 영적으로 변화됩니다. 가장 중요한 것은 하나님과의 인격적인 관계입니다. 그분은 가장 알맞은 때에 가장 알맞은 방식으로 가장 좋은 것을 우리에게 주시지요. 마치 연금술사와 같이 우리의 가장 불순한 갈망도 가장 아름다운 보석의 재료로 사용하십니다.

가령 여러분이 어떤 이성과 처음 만나서 인사를 나누고, 대화하다가 연애를 하게 되었습니다. 서로 사귀면서 싸우기도 하고 이별도 하면서, 오랜 세월이 흘러 드디어 결혼을 하게 되었지요. 아이를 낳아서 키우며 힘들고 어려운 과정도 함께 했습니다. 그렇게 50년 정도 함께 산 사람이 서로를 아는 것과, 처음 만나서 인사만 겨우 한 사람이 아는 것은 많이 다르겠지요? 그런 것처럼 여호와를 아는 지식도 저마다 그 정도가 다를 수 밖에 없습니다. 그래서 하나님과 오래 사귀고, 깊이 사랑하고, 의심도 하고, 이런저런 시행착오도 거치며 성장한 사람들은 깊은 영적 지식을 가지게 됩니다. 여호와를 아는 지식에 차원이 있다는 것을 인정하는 것이 필요합니다. 영성은 차원과 성장을 의미하기 때문입니다. 그런데 먹고 사는 문제, 직업을 구하는 것, 애를 낳는 것, 성공하는 것, 이런 것에만 관심이 묶여 있다면, 영적 차원에 대해서는 영원히 알 수 없습니다.

아브라함과 하나님의 관계를 예를 들어서 생각해 봅시다. 아브라함이 하나님의 계시를 처음 들었을 때 어떻게 알아들었을까요? 나비의 성장 단계로 비유해보면 금방 알이 생긴 것과 마찬가지 상황이 아닐까요? '내가 예쁜 부인이 많아지는 것일까? 아니면 사래가 아이를 20명쯤 낳게 될까?' 아마도 이렇게 자기 나름대로 알에 갇힌 사고를 하겠죠? 그런데 하나님은 "아브라함아! 너 왜 사고방식이 그 모양이냐? 내가 말하는 것은 영적인 의미가 있는 거란다. 사실은 네가 100살이 다 되어서야 사래에게서 자식을 한 명 낳게 되거든." 하고 미리 말씀하시지 않으셨습니다. 아브라함의 갈망과 믿음에 맞게 인내를 가지고 사랑으로 인도하셨습니다.

그리고 보면 처음에 아브라함은 자신의 욕심에 대한 확신으로 출발했어요. 그러나 그가 **삶 속에서 계속 시행착오를 겪어가면서, 하나님을 신뢰하며 끝까지 성**

장했다는 것이 중요합니다. 그러는 동안 믿음이 커지고 깊어지며 높아졌지요. 의심의 과정도 겪고, 사기도 치고, 하인을 아들로 삼으려고도 하다가 다시 돌이키는 가운데 믿음의 차원이 달라지고 성장하게 되었습니다.

하나님께서는 각 사람의 성향과 갈망을 아십니다. 하나님은 특히 우리의 갈망을 무시하지 않으세요. 그것이 삶을 행동과 실천으로 이끄는 에너지이니까요. 그래서 내가 원하는 게 무엇인지 아는 것은 굉장히 중요합니다. 우리가 아직 그만큼 성장하지도 않았는데 금욕적으로 '원하는 것은 다 탐심이야. 잘못된 거야. 하나님만 사랑해야지'라고 자신을 억누르면 위선이 되고 율법이 됩니다. **갈망은 현실이고 우리를 살게 하는 에너지입니다.** 갈망이 없으면 죽은 사람이지요. 중요한 것은 **갈망의 차원과 방향성**입니다. **방향성을 하나님께 두고, 내가 하고 싶은 것을 하면 됩니다.** 하나님을 사랑하는 마음으로 내가 원하는 것을 하면서 하나님께서 가르쳐 주시는 것을 따라서 "네!"하고 순종하며 가는 겁니다. 시행착오도 겪고 회개도 하면서 말이지요. 경험해야만 알 수 있습니다. 네, 다 괜찮습니다. 그 분을 신뢰하면서 미리 걱정하지 않고, 매 순간 하나님과 함께 가는 것입니다.

그 후에 **다음 단계로 갔을 때는 자연스럽게 그 이전의 차원을 벗어나게 됩니다.** 아브라함의 성장 과정에도 의심하고 회의하는 때가 있었습니다. 사랑을 할 때 항상 허니문처럼 달콤한 것만은 아닙니다. 만일 그렇다면 이상한 거예요. 그것은 깊이 아는 것이 아닙니다. 그저 자기가 바라는 상^像으로 서로 적당히 거리를 유지하면서 그 상을 붙들고 서로 의존하면서 가는 관계일 뿐이지요.

하나님과의 관계도 처음에 출발할 때는 열렬해요. 그 단계에서는 상대방을 자기의 부족한 것을 보완하는 대상으로 투사하면서 보기 때문입니다. 그래서 사람들이 서로 만날 때, 처음에는 자기를 채울 수 있는 무언가를 열렬히 갈망합니다. 그런데 그 다음에는 그 사람을 있는 그대로 봐야 되는 순간이 오게 되지요. 그때 우리의 사랑이 시험을 받는 것입니다. 하나님도 그래요. 하나님을 있는 그대로 보게 되는 그 순간이 왔을 때, 하나님을 다른 것보다 더 사랑하는지에 대한 하는 시험을 거치는 것이지요. 아직 하나님에 대한 지식도 없고 삶에서 신뢰도 충분하지 않은데, 처음부터 자식마저 모리아 산에서 바치라고 말하실 것을 알았다면 시험에 들지 않았을까요? 이 영적 성장의 과정 전체를 미리 안다면 아무도 그 길을 가지 않을 거예요. 그런데 하나님은 사람의 욕망을 나무라지 않으시고 살살 달래가시면서, 은혜를 주시고 축복도 주시면서 한 걸음 한 걸음 인도하시는 것입니다. 인간의 자유와 갈망을 그대로 존중해 주시는 하나님의 놀라운 그 사랑! 그렇습니다. 그래서 우리의 욕망과 갈망은 중요합니다. **갈망의 껍질들이 점점 벗겨지면서 우리는 완성**으로 가는 것입니다. 중요한 것은 이 과정에 **순간순간 하나님과 진실로 만나기 위한 자기 부정과 깨어남**입니다.

그런데 만약 아브라함이 아주 굳은 신념을 가지고, '저 하늘에 별은 몇 개나 될까? 그래, 만개 쯤 되겠지? 나는 내 육신으로 만 명의 자녀를 낳을 계획을 세워야지. 하나님이 그렇게 말씀하셨잖아.'하고 생각했다면 어떨까요? 그리고 이러한 확신에서 벗어나는 모든 것은 하나님을 불신하는 것이라고 믿으며 자기가 계획한 길을 간다면 어떻게 될까요? 그는 절대 개구리가 될 수 없겠죠. 고작해야 힘센 올챙이나 뚱뚱한 알이 될 뿐입니다. 결국 갇힌 알은 숨이 막혀서 죽고 맙니다.

그래서 우리는 하나님 자신을 궁극적으로 지향해야 하고, 하나님이 보여주시는 선물에 대해서는 그것이 하나님을 사랑하는데 방해가 되지 않도록 해야 됩니다. 꿈이나 환상을 보더라도 그것이 다 현실 그대로라고 생각할 필요가 없습니다. 반드시 해석의 과정을 거쳐야 합니다. 그래서 때로는 유보하고 내버려 둬야 합니다. 예언의 은사를 받았다는 많은 사람들이 점쟁이 노릇을 하게 되는 이유가 바로 정당한 해석의 과정을 거치지 않기 때문입니다. 성경에 나타난 하나님의 인도하심을 잘 깨닫게 되면, 꿈이든 환상이든 예언이든 지금의 현실에서 꼭 맞아 떨어지게 나타나야 한다고 억지를 부릴 필요가 없습니다. 많은 시간이 지나서 알게 되는 것도 있고, 영적으로 다시 해석해야 할 내용도 많습니다. 중요한 것은 우리의 갈망이 하나님과 함께 있다는 겁니다. 때가 되면 그분은 우리 눈의 비늘을 벗기기도 하시고, 의심의 터널을 지나 밝은 새벽을 경험하게도 하시지요. 그러나 어떤 경우에도 하나님은 언제나 우리에게 **신뢰할만 한 분, 궁극적인 신비**라는 사실을 인정하고 기다려야 합니다.

하나님에 대한 신뢰를 잃지 않고 우리가 갈망하는대로 가건물을 세웠다가, 그 다음 차원으로 갈 때는 미련 없이 버리면 됩니다. 나비가 껍데기를 계속 옆에다 붙이고 다닌다면 무겁고 보기 흉하겠지요. 새 것이 왔을 때는 버리세요. 버리는 것을 배신이라고 생각할 필요가 없습니다. 더 큰 차원이 왔을 때 그 전에 있던 것들은 완전히 녹아 없어져서 새로운 차원에 합일되어야 합니다. 새 것이 왔다는 것은 우리가 새로운 차원으로 들어갔다는 거예요. **이 새로움 안에 그 이전의 것이 다 있습니다. 다만 새롭게 재구성되어야 하는 것이**지요.

예수님께서 베드로를 부르셨는데, 베드로가 계속 고기잡던 배와 아버지를 짊어지고 다녀야 할까요? 세례 요한의 제자들은 계속 세례 요한을 짊어지고 다녀야 하나요? 아닙니다. 그들은 예수님을 믿고 하나님에게 맡겨 드리면서 부르심에 최선을 다했습니다. 새로운 부르심에 맞추어서 이전의 관계들을 재구성했지요. 우리의 목적은 새 하늘과 새 땅을 바라보면서 새로운 차원으로 새롭게 구성되는 삶을 사는 것입니다. 내가 알에서 벗어나서 누에고치라는 새로운 집을 가지게 되고, 또 그것을 더 벗어나서 나비가 되는 것, 그 성장에 대한 갈망을 가지고 살아가는 것이 영적 성장의 가장 중요한 초점이라고 할 수 있습니다.

세 번째 만남

✲ 머물기

"나는 나다." 스스로 계신 하나님을 경험하게 되면 가장 나다운, 내게 꼭 맞는 영성을 발견하게 됩니다. 가장 나다운 모습은 무엇인가요? 내 안에 있는 갈망은 무엇이고, 그 갈망을 가지고 하나님과 함께 성장한다는 것은 어떤 의미로 다가오나요?

✲ 나누기

✲ 사랑의 기도

주님, 우리에게 주어진 하루하루를 최선을 다하여 살게 하소서. 온갖 시름과 걱정에서 벗어나 마음을 잘 조절하여 정돈된 삶을 살게 하소서.

불만의 커튼을 내려 남을 비난하기를 일삼으며 늘 불안 속에 살지 말게 해 주시고 마음에 평안이 가득하여 즐거움 속에 살게 하소서.

어떤 경우에도 자포자기 하거나 어려움에서 물러나려는 어리석은 생각부터 하기보다는 즐거운 마음으로 끈기 있게 대처해 나가게 하소서

우리에게 주어진 날들이 참으로 소중하오니 하루하루를 성실하게 살아가게 하소서.

오늘 하루에 열정을 쏟으며 살아감으로 충실하게 하시고, 내 삶에서 보람과 기쁨을 거두게 하소서

우리의 삶에서 나태함을 몰아내게 하시고 근면함 속에 보람을 느끼게 하시고 늘 감사하며 건강한 마음으로 살게 하소서.

— 용혜원

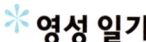
영성 일기

첫째 날

둘째 날

세째 날

네째 날

다섯째 날

여섯째 날

일곱째 날

4
*네.번째.만남

지금 여기,
나,
없이 있음을 살아가기

| 이끔말 |

| 묻고 탐구하기 |

| 영성의 지형도 그리기 |

    Ⅰ. 지금, 여기, 주체로 서기
        1. 지금 여기
        2. 주체인 나

    Ⅱ. '없이 있음'의 세계
        1. 존재의 세계
        2. 구조의 세계
        3. 영혼의 세계

    Ⅲ. '없이 있음'의 삶으로 - 삶의 틈을 영적 기회로

| 머물기 |

| 나누기 |

| 사랑의 기도 |

| 영성 일기 |

(이끔말)

오늘도 신비의 샘인 하루를 맞는다

이 하루는 저 강물의 한 방울이
어느 산골짝 옹달샘에 이어져 있고
아득한 푸른 바다에 이어져 있듯
과거와 미래와 현재가 하나다

이렇듯 나의 오늘은 영원 속에 이어져
바로 시방 나는 그 영원을 살고 있다

그래서 나는 죽고나서부터가 아니라
오늘로부터 영원을 살아야 하고
영원에 합당한 삶을 살아야 한다

― 구상, '오늘'

(묻고 탐구하기)

우리에게 주어진 각자의 삶은 하나님께서 말을 걸어오시는 참된 장소입니다. 살아계신 하나님이 구체적으로 우리에게 다가오시는 통로입니다. 그 삶에서 하나님에 대한 사랑과 형제에 대한 사랑과 나 자신에 대한 사랑은 떼어놓을 수 없습니다. 그 사랑은 온전히 하나입니다.

영성 전통에서 쓰여진 '관상'觀想이라는 용어가 단지 최상의 기도로만 적용될 경우, 순식간에 영지주의靈智主義로 전락해 버립니다. 그렇게 되면 기도는 우리 삶의 구체적인 고통과 관계에서 멀어지게 되고, 인간의 감정이나 욕망과 전혀 상관없는 특권층의 전유물이 됩니다. 그러나 영성은 예수 그리스도의 성육신과 구원의 초대로부터 시작되기 때문에, 세상과 고립된 난공불락의 요새에서 자기도취에 빠지는 것과는 거리가 멉니다. 하나님과의 정직한 관계로부터 시작된 기도는 반드시 세계를 향한 거룩한 소명과 연결되어 있습니다.

Q. 하나님과 나, 세계의 일치를 경험해 본 적이 있나요? 그 관계에 분열이 일어날 때 어떤 현상이 일어났는지, 하나가 되었을 때 어떤 기쁨을 느꼈는지 나누어 봅시다.

(영성의 지형도 그리기)

I. 지금, 여기, 주체로 서기

1. 지금 여기

Now and Here! 우리는 '지금'을 살고 있나요? 많은 사람들이 과거에 살고 있습니다. 나는 이렇게 태어났기 때문에, 유전자 때문에, 우리 부모 때문에, 제대로 교육받지 못했기 때문에 등등의 인과율에 매여서 살고 있어요. 과거의 경험과 사실들을 나열하면서 그것 때문에 내가 지금 이렇게 살 수밖에 없다고 말합니다. 그러면 지금의 나는 단지 과거의 어떤 것이 원인이 되어서 존재하는 것이 됩니다. 인과적 시간 안에 매여서 살고 있는 것이지요. 또 어떤 사람은 오지도 않은 미래만을 걱정하면서 살고 있습니다.

우리가 사용하는 '지금'이라는 말에는 '인과적인 과거와 미래가 새로운 생명의 시간'으로 변형되는 시간이라는 뜻이 포함되어 있습니다. 그 시간은 과거가 어떠했든지 그것이 나를 얽어매지 않습니다. '지금'은 미래를 위해 애써서 이것도 해야 되고 저것도 해야 하는 의무의 시간이 아닙니다. 그래서 과거를 성찰하지만 자유롭습니다. 미래를 준비하지만 불안과 두려움에 찬 나의 계획이 아니라, 벅찬 희망의 비전이 다가오는 시간이지요. 내가 미래를 향해서 애를 쓰면서 가는 것이 아니고, 하나님이 예정하신 엄청난 미래가 나를 향해서 달려오는 삶을 살고 있다는 것입니다. 그분이 내 삶을 향해서 달려오시는 거죠. 비전이 달려오는 것입니다.

걱정과 두려움의 영은 하나님의 영이 아닙니다. 걱정이나 짜증, 두려움이 몰려오면 우리는 알아차려야 합니다. 왜 그런 두려움이 오는 건지, 과거의 어떤 경험과 부정적인 상처, 또는 고정관념이 그런 상태들을 만드는지 알아차려야 합니다. 걱정, 두려움, 불평, 불만, 좌절, 체면, 실패, 자존심 등에서 자유하십시오.

내가 지금 여기 있다는 것은 **인과적 과거나 미래를 벗어나 온전히 충만하게 그분 안에 머무르고 있는 것**입니다. 일상의 삶은 늘 부정적인 요소들이 찾아올 수 있지만 그것들을 끊어내는 연습을 해야 합니다. 알아차리고 끊고 근원으로 돌아가서 언제나 충만한 지금, 즉 카이로스의 시간으로 돌아가야 합니다. 그러면 근원으로부터 나오는 충만한 힘이 매일 매일 흘러나오게 됩니다.

그 지금의 시간이 '여기'에 있습니다. 그 충만한 현재가 '여기'에 있다는 것입니다. 내가 머물고 생각하고 사랑하고 공부하고 꿈꾸는 삶의 한가운데 있는 이 장소에서 하나님과 함께 말이지요.

그러므로 지금 여기 하나님이 내 안에 계시는 것과 아닌 것을 잘 알아차리는 것이 중요합니다. "무엇이 나를 두렵게 하지? 왜 불안하지?" 이렇게 질문하면서 그런 느낌들이 올 때마다 도망가지 말고 정확하게 알아차리고, 성찰하되 후회하지 않고, 자신의 '기억'과 '기대'로부터 자유로워야 합니다. '이건 하나님이 주신 마음이 아니야, 어디로부터 온 거지? 내 과거로부터? 오지도 않은 미래로부터?' 이렇게 분석하고 빨리 벗어나서 온전히 하나님 안에 거하도록 해야 합니다. 기도하면서 말씀을 온전히 붙드십시오. 때로 멘토나 길벗들에게 도움을 구하면서 말이지요. 그렇게 지금 여기에 충만하게 있는 하루하루가 모이면, 우리의 미래가 형성됩니다.

2. 주체인 '나'

이제 **지금 여기를 선택하며 살아가는 주체로서의 '나'**를 생각해봅시다. 예전의 나, 어렸을 때의 나, 하나님 없는 사람들이 얘기하는 나, 돈을 좇는 나, 명예를 좇는 나, 그런 '나'는 아직 자기의 삶에서 주체가 되지 못한 '나'라고 할 수 있습니다. 그러한 '나'에서 벗어나 내 인생을 자유롭게 책임질 수 있는 주체로서의 '나'가 하나님과 연합하여 새로운 존재로 되어가는 것입니다.

하나님께서 **우리를 통해서 일하신다고 하는 것은 '나에게' 그 일을 하라고 하시는 것이 아닙니다.** 오히려 하나님이 그 일을 하시는 데 있어서 통로가 되도록 나를 아주 구체적인 자리로 부르신다는 것입니다. 모든 위대한 영성가들은 자기를 넘어서 일하시는 하나님을 보았습니다. 우리 역시 사람을 보는 것이 아니라 '그'를 넘어서 그 안에서 함께 일하시는 하나님을 보는 것입니다. 그 봄seeing을 함께 할 때 우리는 비전을 공유했다고 말합니다.

하나님이 우리를 통로로 부르신다는 이러한 관점은 매우 중요합니다. 하나님은 아무리 좋은 것이라도 우리를 자신의 목적을 위해 도구로만 사용하기를 원치 않으십니다. 하나님은 그 자체로 충만하기 때문에, 자신의 사랑의 필요를 채우기 위해 우리를 도구로 삼을 필요가 없으십니다. 다만 그분의 본성 자체가 끊임없이 자유롭게 하고 사랑하고 자기를 부정하고 죽어서 사시는 존재이지요. 그 길에 우리가 동참하기를 원하십니다. 따라서 '주인과 종'의 메타포는 그분과 우리의 관계를 표현하는 데 있어서 가장 적합한 비유는 아닙니다. 하나님의 인격적인 사랑, 자유의 배려, 참고 기다림은 지배권과 소유권의 방식만으로 표현하기 어렵습니다. 그리스도의 십자가와 부활이야말로 신성의 가장 명백한 계시로서, 하나님의 속성을 가장 잘 드러내 줍니다.

Ⅱ. '없이 있음'의 세계

1. 존재의 세계

'없이 있다'는 것은 현상적으로는 없는 것처럼 보이지만, 실상으로는 있다는 것입니다. 이 세계는 믿음으로 보는 세계입니다. 히브리서에서 '믿음은 바라는 것들의 실상이요, 보지 못하는 것들의 증거'(히 11:1)라고 말한 그 믿음으로 볼 수 있는 세계입니다. 따라서 우리는 두 세계, 즉 현상계와 존재계가 겹쳐있는 세계에 살고 있다고 할 수 있습니다. 대부분의 사람들은 보이는 이 세계에만 머물러서 살고 있어요. 그래서 사람들은 보이는 현상계에서 조금이라도 큰소리치면서 살고 싶어 합니다. 직장이라도 번듯한 곳에 다니면 어깨에 힘이 들어가고, 사업에 실패하면 좌절감에 빠지고…. 그렇게 애를 쓰면서 하루하루 피곤하게 살고 있지요. 우리가 이 차원에서만 산다면 우리의 삶은 너무 하찮아질 것입니다. 현상계의 삶은 인과적인 삶이어서 과거의 짐과 미래의 부담을 안고 살 수 밖에 없기 때문입니다.

그러나 현상계를 움직이는 실상은 바로 존재계입니다. 존재 자체이신 하나님 주시는 삶은 정말 단순하지만 풍성한 삶입니다. **바로 그분을 내 안에 모시고 사는 삶입니다. 실상이자 존재계인 하나님의 나라를 내 안에, 우리의 삶에 모시고 사는 삶입니다.** 나무의 뿌리가 깊으면 가지를 내고 그 가지에서 풍성한 잎과 열매를 맺듯이 그렇게 실상에서 자연스럽게 흘러 나오는 삶이 되어야 합니다.

그러므로 존재로 사는 것이 소유로 사는 것보다 본질적입니다. 소유보다 더 근원적인 세계가 존재계이기 때문입니다. 우리는 더 큰 나, 더 큰 기초 위에서 살아가야 합니다. 이 분명한 기초를 딛고 서면 단 한번 주어진 삶을 확실하게 살 수 있습니다. 여기에서 큰 힘이 나오는 것입니다. 세상이 감당할 수 없는 평화, 용기, 사랑 등…. 참된 풍성함과 존재계로부터 오는 힘! 이 중심이 없으면 매일매일 뭔가 열심히 하는데 피곤하고 힘든 삶이 계속됩니다. 현상계는 곧 상대계相對界라고 할 수 있습니다. 우열이 있는 상대계에서는 경쟁을 하면서 말 그대로 상대하면서 살아야 합니다. 상대해서 얻어내야 합니다. 얼마나 피곤하고 힘든지! 근원의 세계인 존재계로부터 힘을 받지 못하면 지치고 힘이 들게 되어 있습니다.

우리들이 속한 현상계는 수많은 일상의 순간들에 둘러싸여 있습니다. 때로 불꽃 같은 '없이 있음'의 순간을 경험할 수도 있습니다. 그러나 소유와 연결된 삶은 언제든지 우리를 구속하고 맙니다. 존재의 순간이 계속되어야 하는데 현실의 장벽이 가로막습니다. 우물 안의 개구리나 고치 안에 갇힌 애벌레처럼, 생선대가리를 얻기 위해 부둣가를 맴돌면서 높이 비상하기를 잊어버린 갈매기 떼처럼….

그러므로 우리는 매일 확인해야 합니다. '내가 오늘 하루 살아가는 데 필요한 힘이 충분한가?' '존재계로부터, 풍성한 생명의 공급원으로부터 오는 충만한 에너지가 있는가?' 이렇게 항상 그 중심으로 돌아오면 생명의 선순환이 계속 일어나게 됩니다. 그렇지 않으면 계속 악순환이 일어나게 되어 있습니다.

누에고치 안에 갇힌 애벌레에게는 사방이 막혀있는 벽일 수 밖에 없습니다. 그러나 실은 보호막이자 양식인 그 벽을 먹고 새로운 세계로 거듭나야 한다는 것을 아는 애벌레만이 누에고치를 뚫고 날아갈 수 있지요. 우리의 삶에 존재하는 모든 힘든 관계, 슬픔, 두려움, 아픔들도 벽처럼 보이지만, 그것을 먹으면서 커지고, 마침내는 고치를 뚫고 날아갈 자원이 됩니다. 애벌레가 벽이라고 생각하는 것들을 먹고 커가는 것처럼, 우리도 현재의 장벽을 벽이 아니라 우리를 자유롭게 할 도구라고 생각해 봅시다. 그러면 지금은 힘들고 답답하고 슬프지만, 언젠가는 이 벽을 뚫고 날아오를 내적인 힘이 생겨나게 될 것입니다.

2. 구조의 세계

'없이 있음'의 세계는 진정한 사실 혹은 구조적인 세계와도 맞물려 있습니다. 우리가 악하다 혹은 선하다고 판단할 때, 그것은 단순히 악한 행위나 개인적인 행위 만의 문제가 아니라 실제로는 구조적인 문제입니다. 사람들은 이 점을 간과하기 쉽습니다. 우리가 하나님을 정확하게 잘 알지 못하는 것은, 하나님이 우리 개인이나 세계보다 더 크시기 때문입니다. 한 개인이 거짓말을 하는 것은 쉽게 알아차릴 수 있어도, 세계가 거짓말을 하는 것은 알기 힘듭니다. 그 세계가 나보다 크기 때문입니다. 그래서 **진정한 세계를 본다는 것은 세계보다 크신 하나님 중심으로 본다는 것을 말합니다. 그렇게 보면, 이 세계 자체가 전체적으로 어떻게 돌아가는지 잘 볼 수 있게 됩니다.** 그래서 역사상 위대한 사람들이 하나님 안에서 깨달은 것을 표현하게 되면, 그 내용은 세계와 충돌하고 세계관을 개혁하게 되어 있습니다. 그것은 자연스러운 것입니다.

예수님께서 세상에 오셨을 때, 몇몇 제자들이 기대했던 것처럼, 세상을 한 번 뒤집어 보자고 결심하지 않으셨습니다. 예수님은 이 세상에 오셔서 자기가 태어났던 작은 동네를 중심으로 삼십삼 년 동안 사셨습니다. 그 중에서 삼십 년은 마치 소년 가장처럼 사셨지요. 공생애 기간 삼년 동안 이스라엘 지역을 크게 벗어나지 않으셨고, 아픈 사람, 병든 사람, 고통당하는 사람을 치유하시고 자유하게 하시고 해방시켜 주셨습니다. 그런데 그 일이 결국에는 당시의 세계관과 충돌 할 수 밖에 없었습니다. 왜 그럴까요? 예수님의 행위가 겉으로 보기에는 작은 것일지라도, 존재 자체이신 하나님과 연결되어서 이미 구조악을 건드리고 있었기 때문입니다. 하나님 안에 존재하는 사람들은 자신을 변화시키고 세계를 변화시킬 수 있는 사람들이기 때문입니다.

노숙자나 중독자들이나 혹은 고통당하는 사람들에게 돈이나 먹을 것을 제공하는 것은 필요한 일입니다. 그러나 더 중요한 것은 그들 안에 정말 고귀함이 있다는 것, 자유가 있다는 것, 그리고 하나님의 임재를 경험하는 위대한 차원이 있다는 것을 알려주는 것입니다. 그러면 그들은 삶의 근원 안에서 자기의 상처를 스스로 치유할 수 있게 되고, 자기의 먹을 것을 스스로 공급할 수 있을 뿐 아니라 이 세상 속에서 영향력을 가지고 살 수 있게 됩니다.

영적인 관점에서 사실의 세계를 본다는 것은 현상을 객관적으로 본다는 것을 넘어서 다른 차원의 방식으로 보는 것입니다. 최근까지 근대적 세계관은 인간이 객관적으로 사실을 파악할 수 있다고 생각했습니다. 그러나 사실 객관적으로 보이는 현상의 세계는 인간이 자기의 힘과 야망과 지배욕을 위해서 만들어 낸 가공된 진실입니다. 사실이라는 fact의 어원인 '파트리'fatre라는 라틴어는 '만들다'의 뜻이 있는데, 이것은 인간이 만든다는 뜻입니다. 즉 사실이라고 말하지만 실은 인간이 조작한다는 것이지요. 큰 것을 조작하면 사람들이 쉽게 볼 수 없는 구조가 됩니다. 사람들은 먹고 살기 위해 그 큰 구조 안에 속해 있기 때문에, 우물 안에 갇혀 있는 개구리처럼 보여주는 것만 보게 됩니다.

7-80년대에는 고문관이라는 직업이 있었습니다. 시위를 하던 많은 청년들을 가두고 끔찍한 고문을 가하는 일들을 전문적으로 담당하는 사람이 바로 고문관이었지요. 그는 수배당한 여학생들이 잡혀오면 벌거벗겨 놓고 수치심을 느끼게 하면서도 정작 자신은 짜장면을 먹으며 아무런 죄의식도 느끼지 않았습니다. 오히려 자신이 민족을 위한 애국자나 되는 양 착각했습니다. 가족들과 이웃들은 그를 매우 다정한 남편이자 아버지로, 좋은 이웃으로 평가하면서 부러워했다고 합니다. 지금 생각하면 정말 말도 안 되는 일 같은데, 당시에 그 안에 속해 있던 사람들은 몰랐습니다. 깨어있지 않거나 단지 먹고 사는 일에만 매몰되어 있으면, 우리는 고통 받는 세계와 실재에 대해서 알 수가 없습니다. 그 가공된 세계가 너무나 크고 구조적이기 때문에 거기에 갇혀 있을 때는 도저히 알 수가 없습니다. 그런데 존재 자체이신 하나님은 그 구조를 넘어서 계시기 때문에, 그 하나님을 우리 영혼에 모시게 되면 점점 그 전체의 진실을 보게 됩니다.

우리가 진리를 보기 시작하면, 가공의 삶은 존재를 중심으로 하는 삶에 의해서 벗겨지게 되어 있습니다. 그러면 진짜 리얼리티가 우리에게 올 것입니다. 그럴 때 비로소 우리는 세계가 만들어내는 대상으로 사는 것이 아니라 하나님이 만들어 주신 진정한 세계에서 살아갈 수 있습니다.

3. 영혼의 세계

고대 점성학자들은 우리가 지구별에 태어난 것이 어떤 우주의 별과 연관된다고 믿었습니다. 별을 보고 아기 예수님을 찾아 갔던 점성학자들은 깊은 하늘의 지혜가 있었던 것이지요. 동화같은 이야기지만, 우리 각자의 별들은 끌개가 있다고 합니다. 그래서 우리 영혼의 가장 깊은 곳은 자기의 별을 향한 끌림이 있다고 해요. 신비로운 우주적인 교감이 우리의 별과 영혼 사이에서 일어나는 것이지요. 삶의 의미는 그 하늘과 내가 연결될 때 완성된다고 할 수 있어요. 예수님은 매 순간 우주와 연결된 삶을 너무나 충실하게 사셨기 때문에, 그분이 십자가에서 돌아가실 때는 하늘이 어두워지고 땅이 갈라지는 등 온 우주가 반응했습니다. 사랑과 이별, 끌림과 동기, 일, 우정, 그 모든 운명적 계기들이 모두 이 교감과 연결됩니다. 아름다운 말을 하고, 의미 있는 일을 하고, 서로 사랑할 때, 우리 별에는 아름다운 장미가 피어나고, 태초부터 우리의 짝꿍인 우주가 실현되는 섭리의 삶을 살고 있는 것이지요. 더 크고 신비로운 삶, 우주적 공명이 일어나는 삶, 그래서 신이 나는 삶 말이지요.

브라이언 그린Brian Greene이 쓴 〈우아한 우주〉라는 책을 보면, 이 우주의 하늘과 영혼의 만남에 대해 영감을 제공하는 이론이 나옵니다. 바로 초끈이론super-string theory입니다. 이 이론은 초미시적인 한 점(10^{-33}이하인 플랑크 길이의 한 점點)의 영역을 탐구한다고 합니다. 약간의 비평도 있지만 계시적인 통찰력이 과학의 영역에서도 필요하다는 것을 실증하는 이론이기도 하지요. 이 이론에 의하면 물리적 존재의 가장 깊은 차원에서는 플랑크보다 더 작은 신비한 존재의 끈이 진동한다고 합니다. 이 진동의 파장에 의해 중력을 전달하는 중력자graviton를 비롯한 소립자가 형성됩니다. 즉 만물이 존재의 근원에서 창조되는 원리를 발견했다는 것입니다.

초끈이론의 우주론적 진술 중에서 가장 놀라운 것은, 우리의 시간과 공간이 3차원의 한계에 갇혀 있는 것이 아니라 10차원에서 11차원 혹은 그 이상으로 이루어져 있다는 설명입니다. 바울이 체험했던 셋째 하늘, 혹은 그 이상의 우주적 차원이 실제로 있다는 것이지요. 우주는 그리스도의 온전한 놀이터! 우리의 삶 속에는 상상하기 어려울 정도의 다차원적 하늘의 공간이 아주 작은 플랑크만한 크기의 한 점 안에 구겨진 채 압축되어서 숨겨져 있다는 것입니다. 빅뱅의 폭발 과정에서 팽창하지 않은 여분의 차원이 우주 전체에 남아있는데, 그것이 플랑크 차원에 그대로 머물고 있기 때문에 무한 잠재력의 상태로 존재하고 있다는 것이지요. 그러니 우리의 운명의 별을 찾아내는 것은 우리의 삶의 구석구석에 숨겨진 위대한 보물을 찾는 놀이라고 할 수 있습니다. 그리고 그 별은 우리 영혼의 숨겨진 기억과 집단 무의식의 형태로 압축된 파일처럼 살아있다는 것입니다.

브라이언 그린은 이 작은 점이 우주 전체로 보면 하나의 점에 불과하지만, 다른 하나의 거대한 우주를 창출하는 무한 잠재력으로 존재한다고 말합니다. 진동하는 초미시적인 한 점! 창조의 원리가 바로 여기에 있다는 것이지요. 주목할 점은 초끈이론의 양자기하학은 반지름이 r인 거대한 우주와, 반지름이 1/r인 우주가 물리학적으로 동일한 쌍둥이 특성을 가진다는 것을 밝혀냈다는 것입니다. 예를 들어 우리의 우주는 약 150억 광년(1400억×1조 km)까지 뻗어 있는데, 이 크기는 10^{61}에 해당한다고 합니다. 그런데 이 큰 우주가 r과 1/r 동일성의 법칙에 따라 반지름이 10^{-61}의 우주와 완전히 동일하다는 것입니다. 완전히 대비되는 소우주와 거대 우주가 역설적 쌍으로 균형을 이루며 존재한다는 것이지요.

이 물리학의 유비類比는 영적으로 빈곤한 우리의 삶에 한줄기 빛을 던져줍니다. 그것은 우리의 삶에서 신과 인간의 합일union의 차원을 창조적으로 구현하는 중요한 원리를 설명해 줍니다. 거대한 우주의 창조자인 하나님이 작은 인간의 영혼에 존재하는 신비! 중요한 것은 우리가 살아가는 삶 속에 '하나님이 내 안에, 내가 하나님 안에' 존재하는 우주적 신비가 잠재적인 한 점spot으로 숨어 있다는 것입니다. 그 한 점에 숨은 거대한 신적 잠재력이 나의 내면과 세계에 펼쳐지는 순간에 우리는 창조적인 영적 세계로 초대받게 됩니다. 그리고 **그 세계는 이미 우리의 삶 안에 숨어 있습니다.** 우리가 조금만 주의를 돌려서 그것을 보고 알아차리기만 한다면 말이지요! 십자가의 비밀은 이 잠재 우주와 영혼이 만나는 유일한 길을 보여줍니다. 많은 영성가들이 자기부정의 도道를 통해 신과 자신과 세계가 연결되는 놀라운 체험을 했습니다. 그 때부터 그들의 삶은 하늘이 내린 명命을 따라 사는 삶으로 바뀌기 시작했습니다.

"중요한 것은 눈에 보이지 않는다." 생 떽쥐베리가 어린 왕자의 눈을 빌려서 한 말은 어쩌면 영성이라는 보물을 찾기 위한 열쇠일지 모릅니다. 아인슈타인은 '우리가 경험할 수 있는 가장 아름다운 것은 신비이며, 신비야말로 모든 과학과 예술과 모든 것의 진정한 원천'이라고 말합니다. 신비와 영감, 그것이 과학과 예술과 학문의 근원이라는 것입니다.

어지러운 우리 삶터의 한복판에서 보물찾기를 잘 하려면 하나님의 신비한 손길과 섭리를 꿰뚫는 통찰력이 있어야 됩니다. 영적 지혜가 필요합니다. 아무리 똑똑하고 능력이 있어도 영적 직관이 어두워지면 아무 소용이 없습니다. 하나님의 뜻과 우주적 섭리를 볼 수 있는 마음의 눈이 어두워졌기 때문입니다. 마더 테레사는 하나님의 섭리를 알려면 마음의 빛을 구해야 한다고 말합니다. 하나님의 뜻이 하늘에서 이미 이루어진 것처럼, 구체적인 우리의 삶의 현실 속에서도 이루어지고 있음을 볼 수 있도록 영적 조명이 필요합니다. 나보다 더 큰 타자가 '마음의 눈을 밝혀주셔야만' 됩니다.

삶은 정말 아름다운 축복으로 가득합니다. 그러나 사람들은 이 삶속에 숨은 비밀을 볼 수 있는 눈이 없습니다. 들을 수 있는 귀가 없습니다. 그리보면 성서에 나오는 기적 이야기 중 많은 부분들이 주로 맹인을 눈뜨게 한다든지, 귀머거리를 듣게 하는 것은 우연이 아닙니다. 진정으로 눈과 귀가 뜨여야 합니다. 아름다움과 환한 축복으로 가득한 삶의 신비를 만날 수 있는 유일한 길은 영혼에 불을 밝혀 예민해져야 합니다. 영혼을 만나는 느낌을 개발해야 합니다. 영혼은 영혼의 방식이 있기 때문이지요. 내가 단지 물질만이 아니고 영혼임을, 나의 감각이 영혼계와 물질계를 이어주는 다리임을 느껴야 합니다. 내 영혼에 불이 켜지면 저 우주 어디엔가 나의 별에도 불이 켜지겠지요.

Ⅲ. '없이 있음'의 삶으로 – 삶의 틈을 영적 기회로

슬라이딩 도어즈sliding doors라는 영화가 있습니다. 지하철 문이 닫히려는 순간에 지하철을 타거나 혹은 타지 않거나 하는 선택에 의해 인생이 전혀 다른 방향으로 바뀌지요. 그래서 슬라이딩 도어 모멘트sliding door moment란 말도 생겨났어요. 삶에는 수많은 선택의 순간들이 있는데, 그 순간들 속에 존재로 들어가는 문이 숨어있습니다. 각자의 삶에 숨은 신비로 들어가는 존재론적 한 점이 있는데, 그것을 마틴 부버M. Buber는 존재론적 사이Ontological-Between의 공간이라고 불렀습니다. 이 공간이 바로 '없이 있음의 영역'이라고 할 수 있습니다.

우리의 삶에는 틈이 있습니다. 어떻게 했더니 실패를 했더라, 어떻게 했더니 관계가 악화되고 문제가 더욱 커지더라 등등. 우리는 그 틈을 삶 속에서 도려내어 버리고 싶지만, 사실은 거기가 영적인 차원으로 들어가는 보물이 숨겨진 곳입니다. 생각만 해도 가슴이 쓰리고, 슬프고, 기분이 나쁜 그 순간이 바로 영적으로 들어가는 지점이지요. 그래서 영적 차원으로 들어가려면 우선 현 위치를 정확하게 아는 것이 필요합니다. 내 몸과 뇌의 상태, 내 마음의 갈등의 정도, 의식의 수준, 사람들과 관계하는 방식 등, 그 모든 것이 우리 삶에 신호를 보내고 있습니다.

따라서 우리는 삶의 지표들을 잘 알기 위해 노력해야 합니다. 무엇이 힘들었는지, 어디서 막혀 있는지를 보고, 내가 진정으로 원하는 것을 하면서 하나님과 함께 살아가는 방법을 배워야 합니다. 만약 우리가 넘어졌는데 넘어졌다는 것을 모르고 있다든지, 넘어지기는 여기서 넘어졌는데 다른 곳에서 문제를 해결하려고 한다든지 하면 삶의 악순환이 계속됩니다.

전환의 시작은 내 삶의 빈틈, 사이between마다 영적 신호를 발견하는 것입니다. 그래서 지금 여기의 삶 속에서 하나님의 뜻은 무엇인지를 알아차리면서 환경과 사람들을 상대하며 사는 것입니다.

✻ 머물기

지금 여기를 충실하게 살아간다는 것은 나에게 어떤 의미가 있나요? 내가 주체가 되어 하나님과 함께 그분 안에서 산다는 것, 없지만 있는 실상의 존재와 세계를 바라보며 살아가는 것의 의미를 생각해 봅시다.

✻ 나누기

사랑의 기도

오 주님, 내 영혼의 집은 주님이 들어오시기에 너무 비좁으니 넓혀 주소서.
폐허가 된 집이니 수리하여 주소서.

주님의 눈에 거슬리는 것이 너무 많이 있음을 알고 고백합니다.
그러나 누가 내 영혼의 집을 깨끗이 청소해 주겠습니까?
주님 외에 누구에게 "주여, 나를 숨은 허물에서 벗어나게 하소서",
"그들이 지은 죄에 빠지지 않도록 주님의 종을 건져 주소서"라고 부르짖겠습니까?

내가 믿는 고로 주님께 아뢰옵니다.
주님, 주님께 내 지은 죄를 고백할 때
마음의 죄악을 사하여 주셨던 것을 주님은 알고 계십니다.

지금, 진리 자체이신 주님과 논쟁하려 함이 아닙니다.
내 죄악이 스스로 거짓증거 함으로써 나 자신을 속이는 것도 원치 않습니다. 그러므로 나는 주님과 논쟁을 하려 하지 않습니다.

오! 주님, 주께서 죄악을 지켜보실진대 누가 설 수 있으리이까? 아멘.

— 어거스틴Augustin, 〈고백록〉

✳ 영성 일기

첫째 날

둘째 날

세째 날

네째 날

다섯째 날

여섯째 날

일곱째 날

5
다섯.번째.만남

오직
(sola)의 영성으로
살아가기

| 이끔말 |

| 묻고 탐구하기 |

| 영성의 지형도 그리기 |

Ⅰ. 종교개혁 영성의 의미
    1. 너무 좁은 하나님?
    2. '오직의 의미': 스스로 계신 존재
    3. 만들어진 신을 넘어서

Ⅱ. 실상의 세계와 식별
    1. 믿음으로 연결되는 실상의 네트워크
    2. 식별: 신, 인간, 세계의 이중

| 머물기 |

| 나누기 |

| 사랑의 기도 |

| 영성 일기 |

(이끔말)

마음을 다 기울이고 정성을 다 바치고 힘을 다 쏟아서 주 너의 하나님을 사랑하여라. (마 22:37)

최근에 한국인들이 한국 기독교와 교회에 반감을 갖게 되는 주된 이유는 한국교회가 종교적이지 않다고 보기 때문이다. 종교가 종교적이지 않다면 종교로서의 존재 이유가 희박해진다. 여기에 '종교적'이란 종교를 종교답게 만드는 매우 기본적인 자질을 언급한다. 곧 1) 진리 체득에 치열한 모습, 2) 자기를 부정하는 모습, 3) 이타적인 사랑의 실천, 4) 세상 가치관을 뛰어넘어 사는 사람들, 5) 이 세상에서 누리는 재물과 명예와 권세에 초연한 모습, 6) 빈부귀천과 상관없이 모든 사람을 귀히 여기는 자세 등이다. 이런 기본적인 측면에서 한국교회는 종교적 감화를 주지 못하고 있다.

— 이문장, 〈기독교의 미래〉

(묻고 탐구하기)

종교개혁의 선구자였던 루터Martin Luther는 '크리스천의 자유에 관하여'에서 다음의 두 가지 명제를 다룹니다.

1. 크리스천은 전적으로 자유로운 만물의 주인이며, 주님 이외에 그 누구에게도 종속되지 않는다. 2. 크리스천은 전적으

로 충실한 만물의 종이며, 모든 사람에게 종속되어 있다. 기독
교인은 아무에게도 속해 있지 않고 오직 주님께 속해 있으며,
동시에 만물의 종이며 모든 사람에게 속해 있다.

이 두 명제는 '오직'이 가진 역설을 잘 보여줍니다. 우리는 '오직' 주님께 속해 있으나 동시에 모든 만물과 사람의 종이다! '오직'과 '모두' 이 둘은 서로 모순되는 것 같이 보이나 하나입니다. 서로 상반되는 내용이 아니라는 것이지요.

위의 명제와 더불어 '오직'에 대한 루터의 사상이 가장 잘 드러난 것은 1520년에 쓴 〈선행론〉입니다. 십계명을 해설하는 방식으로 된 이 소책자에는 믿음과 행함을 중심으로 한 '오직'의 역설이 잘 드러나 있습니다. 루터에 따르면 십계명 가운데 '나 이외에 다른 신을 섬기지 말라'는 첫째 계명은 다른 모든 계명보다 앞서는 것입니다. 하나님은 유일하신 까닭에 오직 그만을 신뢰하고 믿어야 합니다. 이 계명 안에서 모든 것이 완성됩니다. 이 계명에서 출발하면 어떤 행위라도 선행이 될 수 있고, 반대로 그렇지 못할 때는 아무리 선해 보이는 행위라도 무의미한 것입니다. 이 계명에서 구원의 선행은 이루어지기 때문입니다. 인간의 노력으로는 인간을 구원할 수 없으며 오직 하나님을 믿는 신앙으로만 구원받을 수 있다는 것이지요. 루터의 초점은 구원의 조건이 인간에게 있지 않다는 것, 오직 하나님에게 전적으로 달려있다는 하나님의 자유와 전적 타자성에 있습니다. 이 믿음 안에는 세계를 향한 섬김, 모든 세계가 그 안에 포함되는 사랑, 화평, 기쁨과 희망이 담겨 있습니다.

Q. 종교개혁이 말하는 '오직 믿음, 오직 은혜, 오직 말씀'은 나에게 어떤 의미로 다가오나요? 그것이 영성과는 어떻게 결합될 수 있을까요?

(영성의 지형도 그리기)

I. 종교개혁 영성의 의미

1. 너무 좁은 하나님?

우리가 믿고 있는 종교적 터전은 기독교입니다. '개신교'라는 이름은 우리가 붙인 것이 아닙니다. 종교개혁 이후에 가톨릭에서 부르는 이름이지요, 그렇다면 기독교의 원뿌리는 무엇일까요? 기독교라는 종교는 AD 1년에 예수 그리스도로부터 출발하였습니다. 그러나 기독교의 뿌리가 단순히 역사적 예수로부터 시작된 것이라고 보기는 어렵습니다. 예수님 역시 자신을 가리켜 아브라함 이전부터 있던 자라고 하였습니다. 이 말은 예수께서 역사적 인물로 나타나기 이전, 태고부터 존재하고 있었던 근원적 존재라는 말입니다. 또한 역사적 예수의 부활 이후 시간과 공간을 넘어서 보혜사 성령으로 나타나신 존재라는 것입니다. 다시 말하면, 연대기적으로도 시간을 초월해 계신 분이고, 미래적으로도 예측할 수 없는 카이로스kairos의 시간에 계신 어떤 존재라고 할 수 있겠지요. 그 하나님이 존재하고 계십니다. 그렇다면 태초에 하나님과 함께 계셨던 예수 그리스도 역시 기독교의 출발을 넘어서 태초부터 계신 존재의 차원에서 보아야 비로소 그 원형을 알 수 있지 않을까요?

기독교는 바로 이 **예수 그리스도**를 증거합니다. 역사적 예수가 신약시대에 나타나기 훨씬 이전부터, **태초에 창조가 시작되기 전부터 계신 존재**였다는 것을 말입니다. 요한복음의 시작은 이 신성의 빛, 참 빛이신 그 존재에 대해 증거합니다. 우주에 가득한 영, 태고부터 신성으로 계셨던 분, 바로 예수 그리스도입니다. 하나님이 우리 안에, 우리가 하나님 안에 합일되는 그 비전을 위해 예수 그리스도가 오셨습니다. 그것도 몸이나 마음 한구석이 아니라 몸과 마음과 뜻을 다하여 도달하는 영혼의 가장 깊은 곳으로 말입니다.

'오직'이라는 고백은 이 엄청난 차원의 하나님과 예수 그리스도를 체험한 믿음에서 나왔습니다. 그 고백은 거대한 로마 가톨릭의 교권이 가진 권위를 무너뜨릴 정도로 큰 힘이 있었습니다. 다시 말해서 루터가 고백한 '오직 믿음으로, 오직 말씀으로, 오직 은총으로, 오직 영광으로, 오직 그리스도로sola fide, sola scriptura, sola gratia, sola gloria, solus Christus'는 모든 인간적인 것, 피조적인 것, 수행과 율법, 인간의 필요와 욕망, 종교제도와 권위를 너머 존재하는 초월적 하나님에 대한 증언이었습니다. 루터의 종교개혁은 교리나 제도를 넘어선 하나님의 존재 자체, 신성에 대한 증언이었습니다. 그것은 그의 사상이 에크하르트Meister Eckhart와 그의 제자 타울러Johannes Tauler의 신비사상과 닮아있다는 것을 보면 알 수 있습니다. 그의 〈로마서 강해〉, 〈시편강해〉, 〈노예의지론〉에서도 감추어진 하나님, 즉 보이는 모든 형상을 넘어서 감추어진 하나님에 대해서 언급한 것을 볼 수 있습니다.

2. '오직'의 의미: 스스로 계신 존재 All in One

그러니 '오직sola'이란 수많은 숫자 중의 하나인 배타성이 아니라 All in One, 보이는 모든 것이 그 하나 안에 있는 '초월적 차원의 전체성'을 의미합니다. 예수 그리스도는 그 근원에 이르는 맏아들로서 통로가 되신 것입니다. 그런데 이렇게 존재 자체이신 하나님을 신인동형론神人同形論적으로 생각하는 것, 인격적인 신에 머물러서 생각하는 것, 역사적인 실천차원에만 머물러서 생각하는 것, 보이는 종교나 제도에 갇혀서만 생각하는 것은 모두 현상적 환원이 됩니다. 하나님을 눈에 보이는 대상으로 환원시키는 거지요.

종교개혁의 화두는 바로 이 존재 자체이신 하나님, 절대 타자이신 이 하나님, 문자에 갇힌 하나님이 아닌 온 우주를 뒤흔드는 말씀 자체이신 하나님을 말하고자 한 것이었습니다. 보이는 교리가 아니라 그것을 있게 하는 생명의 근원으로서의 '오직' 말씀! 윤리를 실천하는 인간적인 덕행이나 억지 규범이 아니라 그것을 생생하게 살아있게 하는 '오직' 믿음! 모든 신인동형론적 의로움, 인본주의적인 의로움이 아니라 전혀 다른 차원에서 내려온 근원으로서의 '오직' 은혜! 이와 같이 '오직'이 지시하는 것은 모든 존재하는 것들의 원천이자 근거로서의 하나님, 존재 자체로서의 하나님입니다.

인본주의자들은 굳이 하나님이라는 존재를 가정하지 않더라도 인간이 사랑, 평화, 용기, 이성 등 선을 실천하는 능력을 가지고 있다고 말합니다. 결국 인격적 신 혹은 신인동형론에 근거한 신 이해가 도전을 받고 있는 것이지요. 실제로 만일 우리가 다른 것으로 대체할 수 있는 것이 있다면 굳이 하나님이라고 부를 필요는 없습니다. 특별히 자본주의 시대를 살고 있는 우리에게 물질주의의 도전은 심각합니다. 토머스 머튼은 "우리 삶의 진정한 법은 부와 물질의 법이 되고 있다."라고 지적한 바 있습니다. 리처드 포스터Richard Foster 역시 〈돈, 섹스, 권력〉이라는 책에서 돈이 가진 신적 능력과 그 속성에 내재된 '불의함unrighteouness'에 대한 순진한 관점을 경고한 바 있지요. 그는 돈이 결코 단순히 구매를 위한 교환수단이나 중립적 경제수단이 아니라고 말합니다. 돈은 신의 속성을 가지고 있고 신이 받는 대우를 받고 있습니다. 돈은 전능합니다. 돈은 권력으로 오르는 계단입니다. 돈은 찬양을 받습니다. 모든 사람들이 시간을 사용하는 최우선 순위에 자리하고 있습니다. 맘몬신은 이 시대의 가장 수준 높고 의미심장한 대체종교임에 틀림없습니다.

그렇기 때문에 신은 우선 그 모든 것들과는 전혀 다른 것이어야 합니다. 신이라면 세계보다 더 커야 할 것입니다. 인간이 만들 수 있고 인간이 원하고 인간이 소망하는 모든 것들은 스스로 있는 자, 존재 자체가 아닐 것입니다. 신은 모든 인간적 시도가 끊어진 곳에서 비로소 발견하게 되는 존재이며 부정의 길Via negativa에서 이해되는 신입니다. 그 길에서 신은 그러한 것들을 훨씬 넘어선 '전혀 다른 타자Wholly Other'로서의 존재라야 하는 것이지요. 모든 주도권이 궁극적인 실재 그 자체에 있습니다. 그런 의미에서 진정한 초월은 진정한 초월자를 전제해야 가능하다는 한스 큉Hans Küng의 말은 진정한 신은 진정한 초월을 전제해야 가능하다는 말로 바꾸어도 될 것입니다.

그러나 신이 초월적 측면만 있다면 신과 인간, 신과 세계는 서로 영원히 만날 수 없고 우리는 신에 대해 알 수도 없을 것입니다. 그래서 또 다른 한편으로 신은 우리에게 존재하는 모든 것의 원原 근거, 원 기초, 원 목적, 원 가치, 원 의미, 원 유래, 궁극성 등 다양한 의미를 가지며 최상, 최고, 시초의 의미로 실존에 숨어있습니다. 긍정의 길via positiva을 통해서 경험하는 의미인 것이지요. 그 길에서는 신의 예비 개념들, 상징들은 다다익선多多益善입니다. 수준과 형태, 방식 역시 다양할수록 좋습니다. 많을수록 좋습니다. 신이라는 말로 표현하면서도 공통으로 이해하는 어떤 것들이 다 여기에 포함되겠지요.

그러므로 이 '오직'의 뜻은 수많은 것들 중의 하나, 또는 다른 것들을 다 배타적으로 대하는 그런 하나라는 뜻이 아닙니다. 면 안에 이미 수많은 점이 있는 것처럼, 그 하나 안에 모든 것이 다 있는 그런 유일함이라는 것이지요. 그래서 하나님 안에는 모든 것이 다 존재하고, 그 안에 구원이 있습니다.

우리가 이 근원과 연결된 삶, 스스로 있는 존재와 연결된 삶을 살게 되면 완전히 다른 차원에 살게 되니까 우리 자신으로 만족하게 됩니다. 용기가 생깁니다. 더 큰 차원과 높은 차원과 깊은 차원을 알게 되니 우물 안 개구리를 벗어나게 됩니다. 표면적으로 살던 삶에서 내면 깊이 있는 영혼을 의식하게 되고, 현상적인 환경과 관계의 성공만을 좇아가던 삶에서 존재 자체와 깊이 연결된 삶, 그래서 하나님의 나라가 임하는 삶으로 변화됩니다.

3. 만들어진 신을 넘어서

도킨스Richard Dawkins는 기독교의 신을 정신 바이러스 혹은 인간의 욕구가 만들어 낸 신이라고 혹평하면서 곧 과학이 종교를 제거하는 시대가 올 것이라고 말했습니다. 그러나 그가 비평하는 신들은 인간의 욕구가 만든

신에 불과합니다. 이스라엘 백성이 애굽을 탈출하면서 겪는 **10대 재앙은 그 이전 세계관을 정화하는 문턱이자, 스스로 계신 하나님과 세계관의 배후에 있는 다른 신들과의 전쟁**입니다. 다른 신들도 분명히 존재합니다. 귀신, 유령, 착한 신 등. 그러나 야웨 하나님은 거짓 자아, 본능적 욕구, 거짓 세계관과 연결된 애굽의 신들이 더 이상 신이 아니라는 것을 증명합니다.

고대 사람들은 정복자의 신이 피정복자의 신보다 우월하다고 믿었기 때문에 바로가 볼 때 히브리 노예들의 신은 보잘 것 없는 존재처럼 보였습니다. 그러나 히브리 신과 애굽 신들의 대결의 결과는 놀라웠습니다. 이 재앙은 애굽의 모든 땅과 짐승과 사람들과 바로와 그의 부하들에게 내린 재앙이었지만, 애굽의 모든 신들에게 내리는 벌이기도 했습니다. "내가 그 밤에 애굽 땅을 두루 다니며 사람과 짐승을 막론하고 애굽 나라 가운데 처음 난 것을 다 치고 '애굽의 모든 신에게' 벌을 내리리라(출 12: 12)." 하나님이 내리신 10대 재앙은 이스라엘 백성들에게 스스로 계신 야웨 하나님을 믿고 결단하는 계기가 되었습니다. 그러나 바로와 애굽 사람들에게는 자기들이 믿는 **애굽 신이 무력한 우상이며, 더 이상 진정한 신이 아님을 온 천하에 드러내는 계기**가 되었습니다.

하나님이 애굽에 내린 첫 번째 재앙(출 7:14-21)은 경제와 번영의 젖줄인 나일 강을 비롯한 하수와 물을 피로 변하게 한 것이었습니다. 나일 강은 애굽 사람들의 젖줄이었고 다양한 신들이 나일 강과 연결되어 있었습니다. 크눔Khnum은 양의 머리와 인간의 몸을 가진 신인데 나일 강 근원의 수호신이며 나일 강을 애굽 백성들에게 준 신입니다. 소티스Sothis는 홍수를 막아주는 신이고, 오리시스Orisis는 애굽의 지하세계와 나일 강을 연결하는 신입니다. 세펙Sepek은 악어를 신성화한 것인데 나일 강이 피로 물들자 강을 떠날 수밖에 없게 됩니다.

두 번째 재앙(출 8:1-15)은 개구리 재앙인데 개구리는 풍요한 추수와 축복을 상징하는 신이었습니다. 나일 강이 규칙적으로 범람하면 습지가 형성되고 그곳에 개구리가 서식하였기 때문에 개구리의 서식은 풍성한 수확과 연관이 있었습니다. 개구리 모습을 한 헤크트Heqt신은 크눔신의 배우자로서 풍요와 다산, 아이들을 점지해 주는 태신 중에 하나였어요. 때문에 그 신을 상징하는 개구리들이 집과 마당, 밭에 나와서 죽었다는 사실은 자기들의 삶의 기반을 흔드는 충격적인 일이었습니다.

세 번째 재앙(출 8: 16-19)은 땅의 티끌로 이를 만들어 내린 '이' 재앙이었습니다. 애굽 사람들은 게놉Genob이라는 땅의 신을 섬기고 있었는데, 자기들이 섬기는 신이 도리어 자기들을 괴롭히는 꼴이 된 것이지요. 네 번째 재앙(출 8: 20-32)은 파리 재앙인데, 온갖 종류의 해충이나 모기류라고 번역한 성경도 있습니다. 즉 가축의 피를 빨고 붓게 만드는 일종의 해충같은 것입니다. 다섯 번째 재앙인 악질 재앙(출 9:1-7), 여섯 번째 재앙인 독종(출 9:8-12) 재앙 역시 애굽 사람들과 가축들을 괴롭혔는데, 이것은 그 배후에 있던 황소의 신 아피스Apis, 암소의 여신 하토르Hathor, 질병이 걸리지 않도록 하는 신 세크메트Sekhmet에 대한 심판이었습니다.

일곱 번째 재앙인 우박 재앙(출 9:13-35)은 하늘의 신 누트Nut와 대기의 신 슈Shu, 곡식의 신 셋Seth을 심판한 것입니다. 여덟 번째 메뚜기 재앙(출 10:1-20)은 메뚜기의 급습으로 농작물들이 피해를 당하지 않도록 하는 세라피스Serapis신에 대한 심판이었습니다. 아홉 번째 흑암 재앙(출 10: 21-28)은 애굽의 최고신 라Ra가 우상에 불과함을 드러내는 재앙이라고 할 수 있습니다. 애굽 사람들은 태양신을 섬기는데, 이것은 문명의 발상지인 나일 강이 규칙적으로 범람하는 것과 연관이 있었어요. 그런데 이스라엘 백성들이 사는 고센 지역을 제외하고 애굽 전역에 사흘간 어둠이 드리워지게 된 것입니다. 애굽 사람들에게 태양신은 어떤 신도 도전할 수 없는 최고의 신, 신중의 신이었기 때문입니다.

최고의 하이라이트는 열 번째 장자죽음 재앙(출 12: 29-30)이었습니다. 고대 세계에서는 가족과 나라의 유업을 이어가는 가장 중요한 기초가 장자였기 때문에, 이 재앙은 애굽 사람이 섬기는 생명의 수호신 셀케트Selket, 신생아 보호 신 베스Bes에 대한 심판이라고 할 수 있습니다. 동시에 무엇보다도 애굽에서 신처럼 받들어지는 바로의 아들, 신들을 위해 애굽을 통치하는 대리자일 뿐 아니라 애굽의 신 자체로 여겨지는 바로에 대한 심판이었습니다. 왕자의 죽음은 애굽 전체를 통치하는 왕권에 치명적인 결정타를 제공하였습니다. 그것은 최고 절대 권력을 가진 신을 둘러싸고 있던 화려한 문화예술, 건축물, 법전, 최강의 군대가 가졌던 위엄과 아름다움과 권력의 배후에 숨어있는 모든 우상과 그 추악함을 드러내고 폭로하는 역할을 하였지요.

열 가지 재앙을 통해 애굽의 번영과 화려함과 권력을 지탱해 준다고 믿었던 귀신들의 정체가 탄로나기 시작했습니다. 이 재앙의 체험은 **하나님의 백성들이 애굽식으로 생각하는 모든 세계관에서 해방되는 계기**를 만들어 주었습니다. 현상계를 덮고 있는 베일이 벗겨진 것이었지요. 그 베일은 근원으로부터 오는 생명력을 차단하는 거대한 벽이었습니다. 그래서 아무도 감히 그 벽을 넘어선 세계를 볼 수 없는 거대한 것이었습니다. 누가 감히 그렇게 굉장한 세계 구조를 넘어서 그 이상을 바라볼 수 있겠습니까?

이 재앙의 초점은 **바로 사람과 세계의 배후, 그 근원에 존재하는 신의 주도권과 진정한 힘의 문제**에 맞추어져 있습니다. 즉 이 열 가지 재앙은 거대한 무덤인 피라미드가 상징하는 애굽의 불사不死의 문화, 엄청난 크기의 신상들, 신의 아들 바로의 주도권과 그 화려한 역사 뒤에 숨은 노예의 고통과 파괴의 역사로부터 이스라엘 백성들을 벗어나게 했습니다. 또한 이 재앙은 보이지는 않지만 실재인 세계, 즉 존재계와 연결된 새로운 삶의 차원으로 넘어가는 전환점이자 통과의례通過儀禮의 문턱으로 작용하였지요. 선악과의 잘못은 바로 이 존재 자체이신 하나님을 배제하고 스스로 신이 될 수 있다는 오만과 착각에서 온 인류의 교만입니다. 바벨탑은 인류가 힘을 모아 스스로 하나님의 신성에 도달할 수 있다는 오만의 상징입니다. 따라서 **열 가지 재앙은 인류의 오만과 착각에 기초한 세계관과 세계구조에 대한 준엄한 심판**이었습니다.

Ⅱ. 실상의 세계와 식별

1. 믿음으로 연결되는 실상實像의 네트워크

존재계와 현상계

우리가 살고 있는 3차원의 세계는 시간과 공간으로 구성되어 있습니다. 시간과 공간의 한계를 안고 살아가는 세계이지요. 우리는 존재 자체이신 하나님을 직접 알 수는 없습니다. 존재 자체가 시간과 공간 안에서 드러난 것, 계시된 것을 보고 알 수 있습니다. 현상으로 드러나는 이 세계는 현상계, 상대계相對界라고도 부릅니다. 상대하고 관계하고 의존하며 살아야 하는 세계라는 것이지요. 그런데 절대계絶對界는 상대할 필요가 없어요. 반면 야웨 하나님께서 '나는 나다, 나는 스스로 있는 자다.'라고 하는 것은 아무 것에도 의존할 필요가 없다는 뜻에서 절대적 존재라는 뜻이지요.

믿음은 현상으로 보이지 않지만 실상인 이 존재계를 보는 눈입니다. 내가 기존에 아는 것과 다르고 내가 살아온 경험과도 전혀 다른 그 어떤 존재의 차원을 보는 눈입니다. 따라서 존재계와 연결된 눈으로 보면 현상계는 총체적인 차원에서 다시 보입니다. 더 큰 차원에서 보면 전체적인 구조 안에서 둘의 관계가 종합적으로 보이게 됩니다. 그러나 작은 차원에서 큰 차원을 보는 것은 어렵고, 그것이 전혀 다른 차원이라면 더욱 그렇습니다.

또한 존재계와 상대계는 본질적으로는 불연속적인 관계가 아니므로 둘 사이에는 게슈탈트적 전체와 부분의 관계가 형성됩니다. 이러한 관계는 존재계의 차원에서만 보입니다. 그 두 세계의 연결을 경험하지 못한 사람들의 입장에서는 그 관계가 불연속적이고, 분리적이고, 이원론적인 관계로 보일 수밖에 없습니다. 물리학의 예를 들어 말하자면, 고전물리학인 뉴튼Isaac Newton의 역학이론의 관점으로는 현대물리학이 밝혀낸 아인슈타인Albert Einstein의 상대성 이론을 이해할 수 없습니다. 그러나 현대물리학이 밝혀내는 관점에서 보면 뉴튼의 이론이 양립 불가능한 것이 아니며, 몇 가지 제한적인 조건을 가정하고 수정하면 어떤 부분에서는 이해할 수 있을 뿐 아니라 전체적인 측면에서 보면 그 활용 가능성도 생기게 됩니다.

이러한 더 큰 차원을 보려면 계시의 은총이 필요합니다. '계시하다'라는 말이 원어로는 'reveal'인데, 베일에 가려져 있던 것을 드러낸다는 뜻입니다. 즉 처음부터 없었던 것이 아니라 원래부터 있었던 것이지만 가리워져 있던 것을 볼 수 있게 드러냈다는 것입니다. 장애물을 치워 주었다는 것이지요. 그렇게 장애를 치워주면 비록 현상적으로 보이는 세계를 살면서도 보이지 않지만 실제로 존재하는 세계를 보는 눈이 열린 상태로 살아가게 됩니다.

중요한 것은 **우리가 살고 있는 이 세계가 존재계의 실상實狀과 연결되어 있다는 사실**입니다. 어떤 사람은 이 존재계를 영계靈界라고도 부르고, 어떤 사람들은 4차원 혹은 그 이상의 차원의 세계라고 부르기도 했습니다. 일상 속에서 하나님의 현존을 체험하며 산다는 것은 하나님과 자신, 세계의 관계가 존재계와 연결된 네트워크의 차원으로 형성된다는 뜻입니다. **보이지 않는 관계의 망들이 연결되어 있는** 것이지요. 우주와 영적 세계는 이 보이지 않는 관계망에 의해 유지되고 있습니다. 그래서 히브리서 11장에 나오는 믿음의 위인들은 보이지 않는 하나님과 보이지 않는 영적 세계를 보는 것 같이 살았던 사람들이었습니다. 노아는 아직 보이지 않는 일에 경고하심을 받아 방주를 만들어 그 집을 구원했습니다. 아브라함은 보이지 않는 약속의 땅을 보는 것처럼 믿고 나갔습니다. 모세는 보이지 않는 하나님을 보는 것 같이 대하였기에 바로와의 대결을 감당할 수 있었습니다. 그들은 보이지 않는 영원한 도성을 보는 것처럼 살면서 이 땅에서는 외국인과 나그네로 살았습니다.

따라서 누군가가 영적이라는 것은 그 사람이 보이지 않지만 전혀 다른 차원의 신을 만났고, 그 만남에 의해 형성된 믿음을 삶의 경험으로 표현하면서 산다는 것입니다. 그 경험이 내면과 삶의 차원을 바꾸어 세상을 향한 행동으로 표현되는 것이지요. 이와 같이 새롭게 바뀐 삶의 방식은 공통의 어떤 현상으로 나타납니다. 즉 보이지 않는 근원이 현상으로 나타난다는 것이지요. 이러한 원리를 역으로 활용하면 보이는 영적 현상들을 분석하여, 각 개인이 보이지 않는 영적 근원으로 연결되도록 유용한 정보들을 제공할 수 있습니다. 예를 들어서 루돌프 오토Rudolf Otto라는 종교현상학자는 인류 공통으로 나타나는 종교의 원형과 그것이 진보하고 발전하는 현상을 감정과 의식화의 차원에서 밝혀냈습니다. 또 의식의 수준을 운동에너지와 연관하여 연구한 학자들은 사람들이 신성과 만나고 성장하는 발달과정을 보여주기도 했지요. 그런가 하면 심리학의 다양한 도구들은 영성의 핵심적인 부분인 내면의 에너지와 동기들이 어떤 방식으로 나타나는지를 밝혀주었습니다. 현대 학문들이 밝혀 낸 이러한 업적들은 영성을 새로운 관점에서 조명할 수 있는 자료들을 제공해 줍니다.

2. 식별 : 신-인간-세계의 이중성

따라서 영성이란 **진정한 신-진정한 나-진정한 세계의 네크워크이며, 그 연결망을 점점 성장시키는 것**이라고 할 수 있습니다. 즉 현실에는 보이지 않지만 실상인 존재 자체와 관계하면서 세계와 관계하는 것입니다. 다시 말해서 믿음을 가지고 존재계의 실상을 보고 관계하면서 살아가는 삶, 즉 거짓되고 가공된 허상을 벗기고 보이지 않아도 참되게 실재하는 존재와 하나 된 삶, 그래서 없는 것 같으나 실제로 있는 삶의 차원으로 살면서 점점 존재로 되어가는 becoming 삶을 사는 것입니다.

그런데 이 과정에는 **식별이 중요합니다. 신과 인간, 세계의 네트워크에 숨겨진 이중적 성격 때문입니다.** 사람에게는 진정한 자기와 거짓 자아가 있습니다. 그래서 우리 안에는 이중성이 있습니다. 세계도 이중성이 있습니다. 그 이중성은 지배 이데올로기, 실용주의, 자본주의, 거짓 세계관과 연결되어 있지요. 또한 '거짓된 나'와 '거짓된 세계'는 '거짓된 신'과 연관이 있습니다. 거짓 신들의 속성을 보니 다 만들어진 신입니다. 영성은 하나님 본연으로부터 나오는 놀라운 축복이 내 영을 통해 흐르는 것입니다. 즉, 하나님을 아는 지식과 나를 아는 지식이 연결되어 있지요. 반면에 거짓 신과 거짓 나도 연관되어 있어요. 거짓 나는 또한 죄와 연결되어 있습니다. 죄는 정과 욕심과 연결되어 있고, 그것을 추구하기 위해 만들어진 신이 거짓 신입니다.

따라서 **영성은 진정성의 식별과 밀접한 연관**이 있습니다. 식별을 위해 **중층적**重層的 **관점**이 필요합니다. 자아에 숨어있는 욕구, 세계관에 숨어있는 이데올로기를 분별하는 관점이 필요하다는 것입니다. 특별히 우리의 세계관에 깊이 영향을 미친 실용주의는 존재의 실재보다는 현상적 실제practice의 발전과 진보에 더 큰 필요와 관심을 두게 합니다. 목적이나 방향보다는 현실적 필요가 중요한 삶의 원칙이 된 것이지요. 이를 위하여 실용, 성취, 경쟁, 효율을 삶의 기본 원칙으로 삼게 되면 욕구가 충족되거나 경험적으로 확증되는 것만이 삶의 기준이 됩니다. 이렇게 기능주의와 실용성만을 의미 있는 판단기준으로 행사하는 현대사회에서는 내면적 동기와 삶의 방향성은 흔히 무용지물이 되기 쉽습니다. 이러한 세계관 안에서는 영적 성장 역시 성취만을 혁신적인 진보로 여기고, 세계를 통제하고 쟁취하는 영웅적 도전을 모범으로 여기게 됩니다. 그래서 우리가 사는 삶이 진정한 세계인지, 존재 자체와 연결된 신적 실상인지를 늘 물어야 합니다.

예수님은 바로 이 구조적 진실을 보셨습니다. 그 당시 예루살렘 성전에서 드려지는 제사는 거룩하고 엄숙하게 치뤄지는 대규모의 제의祭儀였습니다. 이 제사는 이스라엘 민족 전체가 예루살렘 성전을 찾아 대이동을 하면서 응집할 수 있는 구심점이 되었습니다. 그러나 이 제의에 숨은 배경이나 정치 종교적인 상황을 보면 유대 민족의 정신적인 향상을 가로막는 역기능도 발견할 수 있습니다. 명절이 되면 제물로 쓸 소, 염소, 양, 비둘기 같은 짐승들을 사고 파느라 성전 마당은 정신없이 소란했습니다. 한 장사꾼이 파는 양과 염소의 수가 3천 마리를 넘었다고 합니다. 그래서 이방인 마당에는 환전상들이 수수료를 받고 세겔로 바꾸어 주느라 북새통을 이루고 있었습니다. 당시에 환전상들은 엄청난 자릿세를 내어야 했어요. 이런 상황에서 **예수님의 성전 정화는 종교의 이면에 숨어있던 거대한 종교권력의 이익과 거짓 자아와 세계관에**

대한 구조 개혁이었습니다. 그러므로 영성이란 거짓 나는 사라지고, 하나님과 내가 관계하면서 생성becoming되는 것입니다. 순간순간 일을 할 때, 생각할 때, 영감을 느낄 때, 치유의 역사를 일으킬 때, 나는 **큰 바다에 떨어진 한 방울의 물처럼 되고 그분이 충만하게 나를 통해 역사**하십니다.

예수님이 다른 성인들과 다른 점은 무엇일까요? 석가모니는 수많은 교훈을 남겼지만 자기 안에 부처가 있음을 알리는 것으로 끝났습니다. 예수님은 한 개인이나 자신으로 그치지 않고 자기보다 더 큰 타자, 신성을 가리키는 상징의 역할을 하셨습니다. 달을 가리키는 손가락은 자신이 달이라고 하지 않습니다. 우리가 그 손가락을 바라보는 이유는 달을 보기 위해서입니다. 이와같이 주님은 존재자체이신 하나님의 뜻과, 자신의 뒤에 오실 보혜사 성령님을 위해 온전히 자기 부정을 하셨습니다.

십자가는 순종의 상징입니다. 자기보다 더 큰 타자가 있다는 것을 가리키는 상징입니다. 우리가 부르신 자리에 있다는 것이 중요합니다. 예수님은 부르신 그 자리에 정확히 계셨습니다. 예수님은 "나는 예루살렘에서 태어날 거예요, 넓은 땅에서 태어날 거예요."라고 말하지 않았습니다. 그저 존재의 이유, 태어난 이유에 맞는 그 자리에 정확하게 계셨습니다. 태어나는 것, 자라는 것, 사역하는 것, 전부 다 위대한 존재 자체의 뜻에 의해서 순명하는 자리에 있었습니다. 그때 기적이 일어났어요. 그 모든 기적과 십자가에서 죽으심이 모두 하나님의 위대한 뜻에 순종하는 '그 자리'라는 사실이 중요합니다. 그 죽으심 후에 하나님이 살리셨습니다. 스스로 부활하신 것이 아닙니다. 그분과의 관계 속에서 정확한 자기 자리에서 무아無我로 살아감으로써 우주적 섭리를 이루셨습니다. 예수님은 자기를 보내신 이가 있다는 것을 늘 증거하셨습니다. 예수님의 사역이 자기를 보내신 분의 일과 분리되지 않았습니다. 자기를 있게 한 그 자리에서 자기를 보내신 그분의 뜻을 행하는 것입니다. 그렇습니다. 샤를르 드 푸꼬Charled de Foucauld의 기도처럼, '우리는 무엇에나 준비되어 있고 아버지의 뜻과 사랑이 온 피조물 위에 이루어진다면 그 밖에 다른 것은 아무 것도 바라지 않을 것'입니다.

✽ 머물기

참 하나님, 참 세계, 참 나의 영적 네트워크에 대해 새롭게 알고 깨달은 점은 무엇인가요?

✽ 나누기

사랑의 기도

주여,
당신을 신뢰하며 의심하게 하소서.
많은 문제와 많은 답들에
두려움 없이 직면하게 하소서.

언제나 우리 곁에 계셔서
어느새 습관이 되어버린 굳은 생각들
묻혀 지내는 세계관
자아의 투사들
성찰하고 마주보고 행동하게 하소서.

그리하여
이 길과 저 길 중에
진정한 세계와
당신과
참 나를 선택할 수 있는
용기와 능력을 주소서.

우리의 열정이
하늘과 땅, 사람이 하나가 되게 하는 일에 쓰이게 하소서.

✳ 영성 일기

첫째 날

둘째 날

세째 날

네째 날

다섯째 날

여섯째 날

일곱째 날

6 *여섯.번째.만남

삼위일체 하나님과 나

| 이끔말 |

| 묻고 탐구하기 |

| 영성의 지형도 그리기 |

    Ⅰ. 신성과 삼위일체
        1. 연대기적으로 계시된 삼위 하나님
        2. 삼위일체 하나님의 균형과 왜곡

    Ⅱ. 믿음의 균형과 돌파
        1. 믿음이란
        2. 믿음의 동기와 요소

| 머물기 |

| 나누기 |

| 사랑의 기도 |

| 영성 일기 |

(이끔말)

우리 안에 거룩함이 존재한다
모든 것이 공동체 안에 서로 연결되어 있다
매혹적인 결합들 사이의 이 모든 친밀함은
모두 영성으로부터 나온다

— 숀 맥도나휴 Sean McDonagh

(묻고 탐구하기)

"성령聖靈께서 너에게 내려오시고 지극히 높으신 분聖父의 힘이 너를 덮을 것이다. 그러므로 태어날 아기는 거룩한 분, 하나님의 아들聖子이라 불릴 것이다"(누가복음 1:35).
"성령이 비둘기 형상으로 그에게 내려오셨다. 그리고 하늘에서는 '너는 내가 사랑하는 아들, 내 마음에 드는 아들이다.' 하는 소리가 들려왔다"(누가복음 3:22).
"너희는 아버지와 아들과 성령의 이름으로 세례를 주어라"(마태 28:19).

Q. 삼위일체 교리에 대해 들어 본 적이 있나요? 평소에 가졌던 생각을 나누어 봅시다.

(영성의 지형도 그리기)

Ⅰ. 신성과 삼위일체

기독교의 하나님은 **두 가지 역설을 동시에 지닌** 분입니다. 한편으로 **하나님은 전적인 타자로서 신성의 얼굴을 지니신 분입니다.** 그분은 '스스로 있는 자'이시며 아무 것에도 의존하지 않아도 자족합니다. 모든 세계가 그 안에서 생명을 부여받고, 모든 존재의 근원이시며 모든 피조물과 전혀 다른 타자입니다. 모세가 하나님의 이름을 밝혀달라고 했을 때, 하나님은 '스스로 있는 자'라고 말씀하셨습니다.

> 나는 스스로 있는 자니라 또 이르시기를 너는 이스라엘 자손에게 가서 이르기를 스스로 있는 자가 나를 너희에게 보내셨다 하라.(출 3:14)

이것은 바로 존재 자체이신 하나님의 본질이 드러나는 구절입니다. 히브리어의 야웨Yahweh, 헬라어의 에고 에이미$εγω ειμι$는 '나는 스스로 있는 자'라는 말입니다. 예수님은 이 하나님이 역사 속에 나타나신 분이었습니다. 그래서 예수님은 "진실로 진실로 너희에게 이르노니 아브라함이 나기 전부터 내가 있느니라."(요 8:58)고 했습니다. 이 말씀은 예수님께서 자신을 여호와 하나님, 즉 존재 자체이신 하나님과 동일시한 것이라고 할 수 있습니다.

하나님은 인간존재의 근원이자 인간 역사의 중심이며 인간의 운명을 이끌어가는 궁극적 자유이십니다. 우리가 하나님을 믿게 되었다는 것은 단순히 교회제도에 합류되었다거나, 교리를 인정했다는 차원이 아닙니다. 그분의 무한한 자유에 의해 무엇인가 일어났다는 것입니다. 토머스 머튼이 말했듯이 세계를 창조하고, 진리를 완성하고, 삶을 변화시키며 해방하는 어떤 힘이 세계 안에 일어났다는 것입니다. 그 힘 안에는 종교행위를 넘어서 끝없는 심연深淵을 건너갈 수 있는 신호로서의 의미가 존재합니다. 즉, 능력자의 비위를 맞춰 이 세상을 성공적으로 살아가기 위한 효율적인 수단을 넘어서는 무엇이 존재하고 있다는 뜻입니다.

다른 한편, **하나님은 스스로 계시면서 또한 우리 가운데 거하시는 분입니다.** 하나님의 임재, 세키나shekinah는 언제 어디서든 다양한 형태로 존재하는 하나님을 나타냅니다. 인류는 말씀이 육신이 되어 나타난 예수님 안에서 하나님을 계시하는 영광스런 세키나의 울림을 보았지요. 기독교는 창조주 하나님, 역사 가운데 오신 구속주 하나님 예수 그리스도, 영으로 오신 성령 하나님을 믿습니다. 이러한 **삼위일체적 하나님의 임재는 스스로 존재하는 하나님의 자유를 거스르지 않습니다.** 범재신론汎在神論 및 원시적 정령론精靈論과 기독교가 다른 것은 **자기 부정을 통해 온전히 신성을 드러내신 예수 그리스도의 자기부정(케노시스)에 있습니다.**

1. 연대기적으로 계시된 삼위

삼위일체 하나님의 신성은 **원형적으로는 하나이지만 연대기적으로 점진적으로 계시되었습니다.** 삼위는 역사 속에 전면적으로 드러나시기 전에 이미 신성 안에 원형적으로 신비한 일치 가운데 계셨습니다. 즉 **구약에 계시된 하나님은 창조주 하나님이십니다.** 하나님은 **스스로 계신 자로서 초월적 하나님, 승리하는 하나님, 이스라엘 민족을 택하셔서 구원사를 이루시는 하나님**이십니다. 이때에도 **삼위는 이미 하나**이셨습니다. 하나님은 자신의 존재를 열어 창조주의 역할을 감당하실 때에 성자 예수님은 지혜로, 성령은 하나님의 영 '루앗하'로 그 창조 사역에 참여하셨습니다. 구속주이신 성자 예수님이 속죄와 구원을 위한 사역을 펼치실 때 성부 하나님은 그리스도의 본체요 파송자로, 성령은 능력으로 그와 함께하셨습니다. 성령께서 교회와 그리스도인을 통하여 활동하실 때에 그 성령은 곧 '하나님의 영이시오, 그리스도의 보혜사'로서 일하십니다. 즉 삼위는 근원적으로 하나로 일하시는 것입니다.

그러나 연대기적으로 보면 구약시대에 역사적으로 드러나서 활동하셨던 위位는 창조주 하나님이셨습니다(도식a). 중간기에 하나님의 말씀이 끊어지면서, 인류사는 새로운 차원으로 전환하기 위한 영적 돌파(↑)가 준비되고 있었습니다.

〈도식 a〉

신약시대에 와서 하나님은 역사 속에 한 인간으로 계시되셨습니다. 우리는 그분이 예수 그리스도시라고 고백합니다. 성경은 말씀합니다.

> 저는 우리 죄를 위한 화목 제물이니 우리만 위할 뿐 아니요 온 세상의 죄를 위하심이라. (요일 2:2). 네가 만일 예수를 주로 시인하며 또 하나님께서 그를 죽은 자 가운데서 살리신 것을 네 마음에 믿으면 구원을 얻으리니 사람이 마음으로 믿어 의에 이르고 입으로 시인하여 구원에 이르느니라. (로마서 10:9-10)

이러한 말씀을 믿음으로 받아들일 때 그리스도를 통해 "내가 하나님 안에 있고 하나님 안에 내가 있다."는 것을 체험하고 영원한 생명을 누리는 삶을 살게 될 것입니다. **사람은 무엇으로 삽니까?** 사람은 돈이나 지식이나 경험이나 명예로 사는 것이 아니라 바로 **그리스도를 믿는 이 '믿음 안에서'** 사는 것입니다.

하나님께서 예수 그리스도를 통해 유일한 길을 열어 주셨습니다. 예수 그리스도의 십자가는 하나님과 인간 세계를 화해시키고 평화와 사랑으로 이끄는 길입니다. 한스 큉을 비롯한 여러 학자들도 말한 바와 같이, **삼위일체론의 핵심문제는 서로 다른 세 존재(성부·성자·성령)가 본체론적으로 어떻게 하나일 수 있는가를 푸는 그런 문제가 아닙니다. 그것은 어떻게 예수와 하나님 자신의 관계를 성서에 맞게 진술해야 하는가라는 그리스도론적 문제입니다.** 즉 삼위일체론의 핵심과 정통성은 교회가 오랜 논쟁을 거쳐 '그리스도가 하나님과 어떻게 하나인지, 어떻게 단일성을 부여받을 수 있는지'에 대해 교리적으로 확증된 결과에 있는 것이 아닙니다. 오히려 하나님과의 관계 속에서 예수님이 행동하고 보여주었던 그 삶에 결정적으로 유일한 정통성이 있다는 것입니다. 그 밖의 모든 것-교회, 교리, 종교회의의 선언-은 핵심에서 한 발짝 벗어난 논의라고 할 수 있습니다.

〈도식 b〉

예수님의 죽음과 부활, 부활 후 40일 간의 제자들과의 동행, 그리고 오순절에 약속하신 보혜사 성령님이 오시면서 교회시대가 열렸습니다. 삼위 하나님이 역사 속에서 연대기적으로 드러나신 것입니다. **성령은 2천 년 전에 죽으시고 부활하신 예수 그리스도 사건이 전혀 다른 시공을 사는 우리에게 현실적으로 나타나게 하고, 성부 하나님과 예수 그리스도에 대해 증언하며 교회를 세웁니다.** 이 삼위가 온전히 드러남으로 말미암아 인류는 더욱 명료한 빛을 얻게 되었습니다. 예수님을 역사적으로 보고 만지고 들었던 제자들조차도 희미하게 알았던 예수님의 존재와 말씀을 내면으로 생생하게 알아듣게 되었습니다.

구체적으로 살펴보면, 예수님께서, "누구든지 목마르거든 내게로 와서 마시라 나를 믿는 자는 성경에 이름과 같이 그 배에서 생수의 강이 흘러나리라"(요 7:37)고 하셨습니다. 또한 39절에서는 이 '생수'가 그를 믿는 자들이 받을 성령을 가리켜 말씀하신 것이라고 하였습니다. 그리고 괄호 안에 보면, "예수께서 아직 영광을 받지 못하신 고로 성령이 아직 저희에게 계시지 아니하시더라"고 했습니다. 이 구절은, 예수님께서 이 땅에 계실 때는 성령께서 역사하지 않으셨다는 뜻이 아닙니다. 예수님의 제자들이 주님을 믿고 따른 것은 성령의 감화를 입은 결과입니다. 그러면 "성령이 아직 저희에게 계시지 아니하시더라"는 구절은 무슨 뜻일까요? 그것은 도식 a, b와 같이 성령께서 전면에 나서서 일하시는 시대가 도래하지 않았다는 것입니다. 예수님께서 승천하신 후 본격적으로 성령시대가 열렸습니다.

성령은 진리이실 뿐 아니라 진리를 전달하고 밝히시는 영입니다. 성령은 진리에 대해, 또한 성부와 성자에 대해 드러내어 주십니다. 당시에 예수님의 죽음을 목격한 사람들의 눈에는 예수님의 모든 것이 끝난 것처럼 보였습니다. 그분은 실패자요, 그가 전한 진리는 끝장난 것으로 비쳤습니다. 그러나 성령은 예수님을 직접 보지 못한 사람들까지도 그의 부활을 비롯하여 신성과 재림, 심판에 이르기까지 예수님에 관하여 너무나 명확히 알 수 있게 하였습니다. 성서의 기록자들 역시 이 성령의 감화를 받아 모든 것을 기록할 수 있었습니다.

또한, 성령은 성자 하나님이 순종하시고 증거하셨던 성부 하나님을 증언하십니다. 성부 하나님은 구속사업을 계획하셨고, 성자 예수님은 십자가의 길을 통해 하나님의 뜻을 완성하셨으며, 성령은 그 의미를 드러내십니다. 성령은 각 사람에게 구원의 의미가 무엇인지를 알게 하시고 실제화하는 역할을 담당하십니다. 이를테면 성령은 성부 하나님과 성자 하나님이 삶에서 역사 하시도록 돕는 분이십니다.

●(성부)

●(성자)

●(성령)
-------------- → ‖(심판과 예수 그리스도의 재림) ⬆

〈도식 c〉

　이 삼위는 하나님의 신성 안에서, 그리스도를 통해 보이신 자기부정과 사랑 안에서 온전히 일치하는 관계로 있었습니다. 십자가는 세상의 어떤 것보다 강한 것이며, 죽음을 이긴 유일한 진리의 길입니다. 죽어야 삽니다. **영원한 생명 안에서 살고자 하는 자는 기꺼이 죽어야합니다.** 따라서 죽음과 십자가는 같은 말이 아닙니다. 고난과 십자가도 같은 말이 아닙니다. 우리의 죽음은 비움이나 해탈이 아닙니다. **더 큰 차원의 생명으로 가기 위한 죽음**이지요. 우리가 예수 그리스도를 알고 세례를 받기 전에는, 하나님에 대해서는 죽은 자였고 세상에 대해서는 온갖 정열과 욕망과 집착을 갖고 살았습니다. 그러나 이제는 사도바울의 말씀처럼 세상에 대해 십자가의 죽음으로 살아야 합니다.

> 그리스도의 십자가 외에 결코 자랑할 것이 없으니 그리스도로 말미암아 세상이 나를 대하여 십자가에 못 박히고 내가 또한 세상을 대하여 그러하니라.(갈 6:14)

　성령으로 거듭난 영적인 사람은 삶의 주체와 우선 순위가 바뀌게 됩니다. 사업하는 사람은 돈을 버는 기쁨보다는 성령이 내 안에 계시는 기쁨, 하늘 뜻을 이루는 기쁨을 가지고 사업을 하러 가게 됩니다. 애인을 사귀어도, 공부를 해도, 직장에 가도, 가정에 있어도 다 마찬가지입니다. 예전에 동일시하던 모든 것에서 죽고, 이제는 오직 성령으로 동일시되어서 사는 기쁨이 생깁니다.

이제는 **세상보다 삼위일체 하나님이 더 큰 존재감으로** 다가오지요. 하나님의 관점으로 사람과 환경과 일을 보게 되고, 성령님이 우리 안에서 말씀하시며 소원을 주십니다. 그분의 **말씀은 운동력과 능력이 있어서** 하나님의 뜻이 자연스럽게 이루어집니다. 창조주 하나님, 구속주 예수 그리스도, 보혜사 성령께서 창조와 구속, 보호와 인도의 전 사역에 서로 깊이 관계하며 일체로 활동하십니다.

2. 삼위일체 하나님의 균형과 왜곡

이러한 하나님의 본성을 나타내는 삼위일체를 개념으로 이해하기 시작하면, 하나의 본성과 세 인격una substantia, tres personae이라는 모순이 생깁니다. 삼위일체의 신비가 만신전萬神殿처럼 되는 것이지요. 그러나 삼위일체를 존재 자체가 아니라 위에서 본 것과 같이 계시의 차원으로, 관계성의 차원으로 이해하면 달라집니다. **신성Godhead인 하나님은 삼위일체적으로 자신을 계시**하십니다. 굳이 '3'이라는 숫자에 집착할 필요는 없습니다. 다만 하늘과 땅, 인간이라는 차원을 그 관계구도 안에서 하나로 일치되게 하는 신비로 이해하면 되는 것입니다.

그 하나님을 만나고 체험하면 억압된 내가 해방되고 세계관이 변화되고 믿음이 자라납니다. **창조주 하나님, 구원의 주 예수님, 삶 속에 임재하시고 능력을 주시는 성령님, 그 셋은 삼중적으로 계시됩니다.** 여기서 삼중적이라는 말은 안과 밖의 분명한 경계와 소통이 공존하는 관계의 방식, 경계가 분명하지만 케노시스(자기부정)를 통해 균형과 일치를 이루는 관계의 방식을 나타냅니다. 크리스티안 A. 슈바르츠Christian A. Schwarz는 삼위일체 계시를 하나님을 경험하는 예술로 설명하면서 균형을 강조합니다. 그에 따르면 하나님은 다음과 같이 계시되고 경험됩니다.

- 창조계시: **창조주 하나님**
- 구원계시: **구속주 하나님**
- 인격계시: **성화 하나님**

이러한 삼위일체 하나님의 셋 중 하나라도 무시되면 하나님은 우리에게 불완전하게 경험됩니다. 다음의 도식들을 자세히 살펴보면서 3중적이란 말의 의미를 새겨보십시오.

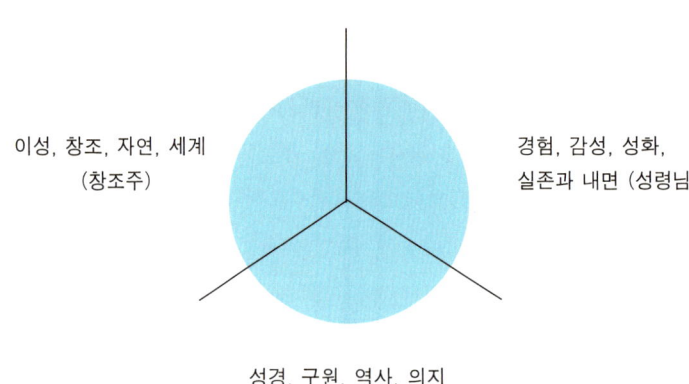

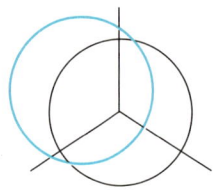 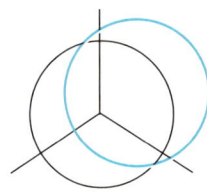 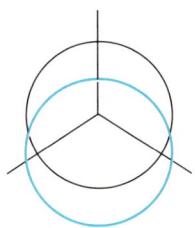

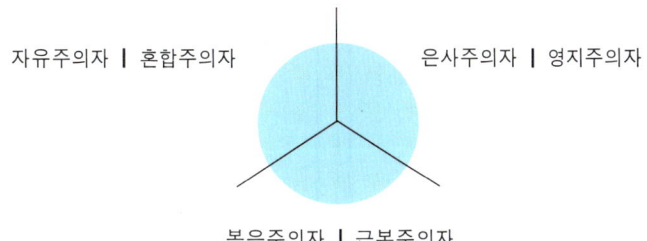

〈정상 범위와 왜곡 범위〉

- 자유주의자
  창조계시, 창조보존, 평화, 정의, 과학과 이성, 해방, 정치적 차원, 행위
- 복음주의자
  구원계시, 예수님과의 인격적 관계, 성경, 전도
- 은사주의자
  인격계시, 성령의 변화능력, 힘과 에너지, 내면적 체험, 기도

하나님은 **위의 세 영역을 모두 통합하고 계시는 분이십니다.** 그러나 **우리는 각자 자기 마음에 드는 하나님을 주로 만나는 경향**이 있습니다. 더구나 그러한 자신의 경향을 절대시하면서 하나님의 다른 측면을 무시하면, 그때부터는 자신의 하나님만을 왜곡되게 섬기는 주의자主義者가 됩니다.

슈바르츠는 삼 요소 중 하나에 극단적으로 치우치거나, 아예 원 밖으로 나가면 잘못된 신앙이라고 정의합니다. 혼합주의자, 근본주의자, 영지주의자가 바로 그러한 것입니다. 즉, 삼위일체 하나님을 분할해서 섬기는 것이지요. 하나님을 조각내는 것과 같습니다.

영적 성장의 과정에서는 **거짓된 자아와 거짓된 세계관을 벗어나는 것과 더불어, 너무 치우치거나 왜곡된 하나님의 상을 바로 잡고 균형을 잡는 것이 필요합니다.** 사람마다 자신의 은사와 소명에 따라 더 집중하게 되는 하나님이 있을 수는 있습니다. 그러나 어느 범위를 넘어서게 되면 하나님을 알아가며 성장하는데 장애가 됩니다. 또한, 그리스도 안에서 지체가 되는 다른 사람들이 경험하는 하나님을 인정하지 못하게 됩니다.

나의 신앙 형태는 어디에 주로 형성되어 있나요? 지나치게 치우쳐 있는 부분은 없나요?

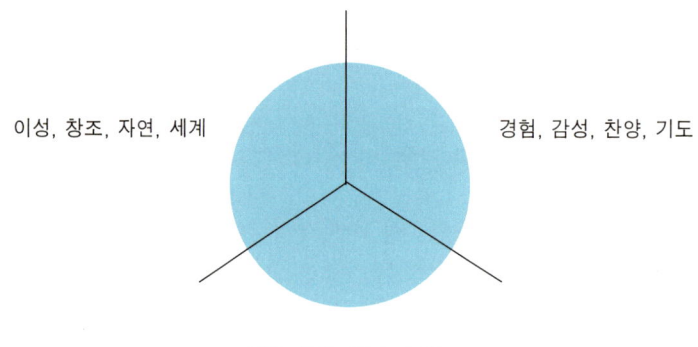

Ⅱ. 믿음의 균형과 돌파

1. 믿음이란

믿음은 항상 행위와 연결되어 있지만 그럼에도 믿음과 행위는 구분됩니다. 그렇지 않으면 믿음이 행위나 자기 확신으로 변할 가능성이 높습니다. 하나님은 하나의 대상이 아니라 근원이시며, 본질로 표현되는 신성 자체입니다. **믿음의 목표는 내가 그 신성 안에 있고, 그 신성이 내 안에 있는 합일의 상태**라고 할 수 있습니다. 따라서 근원이신 하나님 안에 있는 것이 바로 믿음이고, 이 믿음을 통해 생명의 능력이 발현되는 것이 믿음의 행위입니다. 그 결과 생명이 흘러나가서 과거의 삶의 방식, 즉 사망의 삶의 방식이 바뀌게 됩니다. 이것이 복음이고 해방이지요.

그러므로 내 안에 다른 것들로 채워져 있으면, 하나님 안에 온전히 거할 수 없게 됩니다. 이전에는 내 안에 내가 너무 많아서 하나님이 보이지 않고 들리지 않았습니다. 그런데 엄청난 빛의 세계를 보게 되니, 이미 내가 그 안에 있고 그가 내 안에 있었던 것입니다. 물고기가 바닷물 속에서 자유롭게 바다를 누리게 되는 것이지요. 믿음이 성장하면 자유를 가지고 섭리대로 하늘의 명을 따라 사는 삶입니다. 그러면 그분이 보입니다. 광활하고 놀라우신 하나님이 보이게 됩니다.

참된 믿음은 **내 삶의 자리에서 이 근원 안에 있는 것입니다.** 내가 그 존재 안에 풍성하게 살아있기 때문에 존재 자체로, 믿음 자체로 있는 것입니다. 이미 그 세계가 내안에 있는 것이지요. 그러나 사람들은 자신들의 의식에 갇혀서 그 세계를 알지 못하고 살아갑니다. 그래서 우리들의 갇힌 의식이 깨지고 해방되어야 합니다.

그러면 **참된 믿음을 어떻게 식별할 수 있을까요?** 참된 믿음을 검증하는 여러 가지 방법들이 있겠지만, 지금까지는 주로 무엇을 믿느냐는 내용을 위주로 식별했습니다. 그러나 **내용 못지않게 방식 또한 중요합니다**. 즉 어떻게 믿는가도 점검해야 한다는 것이지요. 참된 믿음은 내용만이 아니라 믿음의 방식과도 연관됩니다. 그것은 삼위일체적으로 계시하신 하나님을 조화롭게 경험하는 것과 관계가 있습니다. 그럴 때 우리는 더욱 하나님을 풍성하게 누릴 수 있습니다. 예를 들어서 신앙의 첫 출발은 체험입니다. 성경 말씀을 읽고 교리적인 내용을 듣는다 해도 실존의 삶에 맞아 떨어져서 내면의 확신이 일어나야 합니다. 그리고 그 감동을 삶에서 실천할 때 참된 믿음이 형성됩니다.

이런 관점으로 각 교파들이 서로 갈등을 일으키는 영역을 생각해 봅시다. 각 교단들은 하나님의 한쪽 측면을 강조합니다. 순복음 교단은 은사 중심의 체험을 강조하고, 감리교나 성공회는 지성과 실천적 삶을 강조하며, 장로교단은 교회와 말씀 중심의 삶을 강조합니다. 이러한 각 교파들이 지니고 있는 요소들을 균형 있게 섭취하면서 영성 전통이 가진 깊이 있는 자원을 식별하고 재해석하는 것도 필요합니다. 그러면 타종교와의 대화도 우리에게 유익이 될 것입니다 또한, 이러한 균형뿐 아니라 믿음의 차원들을 돌파하는 과정 역시 중요합니다. 개인의 영적 성장의 과정에서도 균형을 잡고, 다른 차원으로 돌파하는 이 순환은 반드시 필요합니다. 즉 **삼위일체적 균형과 더불어** 앞의 내용에서 배운 **차원의 돌파가 함께 일어날 때 영적으로 성장하는 것**이지요.

2. 믿음의 동기와 요소

균형과 조화는 왜 필요할까요? 우리는 자기 생긴 대로 한쪽에 집중하면서 왜곡되게 되어있습니다. 그래서 믿음이 진정성을 유지하려면 **왜곡된 부분을 성찰하면서 돌파해 나가며 다양한 하나님의 얼굴을 균형있게 만나야 합니다**. 놀라운 것은 우리 자신과 삶 안에 이미 엄청난 신적 잠재력이 숨어 있다는 것입니다. 그런데 우리는 태어났을 때부터 형성된 어떤 조건들 안에 갇혀 있어서 그 잠재력을 제대로 보지 못합니다. 보이지 않지만 숨어있는 신적 잠재력! 통계를 보면 우리는 그 큰 잠재력을 5%도 개발하지 못하고 죽는다고 합니다. 나를 계속 고통스럽게 하고 더 성장할 수 없게 만드는 모든 의존, 모든 불안, 모든 억압, 모든 오만 그런 것들에서 벗어나서, 거룩, 평화, 사랑, 용기, 믿음, 자기 부정, 지성 등 신적인 잠재력과 네트워크를 끌어내는 것이 영성입니다. 구체적으로 영성을 실현하는 요소들을 살펴봅시다.

행위

지난 한 주간 나는 어떤 행위들을 했나요?

우리의 삶을 규정하는 여러 가지 행위들을 끊임없이 서술할 수 있습니다. 그런데 이 다양하고 복잡한 행위들도 3가지로 규정됩니다. 즉, 앉거나 눕거나 서거나 이지요. 어떤 행위든지 이 단순한 3가지 형태에 속해 있습니다. 이 **모든 행위들은 하나님과 함께하는 삶으로 연결되어야** 합니다. 이 모든 행위를 **하나님 중심으로 재배치하는 것이 중요**합니다. 하나님 중심으로 산다는 것은 지금까지 아무 의문이 없이 해왔던 행위들을 이제는 힘의 근원이신 하나님을 중심에 놓고 재구성하는 것입니다. 얼마나 많은 시간을 배정할 것인지, 어떤 수준으로 할 것인지를 말이지요.

이 단순한 3가지 행동들을 잘 살펴보세요. 나의 삶의 중심에 하나님이 존재하지 않는다면, 반드시 공허함과 강박과 두려움이 찾아옵니다. 사람들과 만나 실컷 대화해도 왠지 힘이 빠집니다. 공부를 한참 했는데 '대체 내가 왜 이 일을 하고 있어야 하나?' 하는 생각이 들어요. 영어 공부를 해도 글로벌 시대에 뒤떨어질까봐 두려움으로 합니다. 남들에게 뒤떨어지면 안 될 것 같은 강박증에 시달리면서 자녀 교육도 시킵니다. 그렇다면 다시 한 번 우리 삶의 기초를 돌아봐야 합니다. 그래서 그리스도가 우리 안에 사시는 가운데서, 근원이신 하나님이 주시는 건강함과 합리적인 이성을 갖고 기쁘게 사는 것이 영적인 삶입니다.

지정의 知情意

우리 마음은 **세 가지 기능 즉 지정의로 구분**되어 있습니다. 우리의 모든 행위는 지정의가 작동하면서 이루어지고 있어요. 글을 쓸 때는 주로 지성을, 노래할 때는 주로 감성을, 목표를 세워서 추진할 때는 주로 의지력을 사용하겠지요. 물론 어느 한 가지만 쓰는 것이 아니라 동시에 여러 요소가 함께 하지만 주로 쓰는 영역이 있습니다. 그런데 이 기능들을 균형 있게 잘 사용하는 것이 중요합니다. 어느 한 쪽에 너무 편중되어 있거나, 아예 사용하지도 않거나 하면 삶에 큰 문제들이 생겨나지요. 그래서 영성은 지정의의 균형과도 연관이 많습니다.

예를 들어서, 하루 종일 사는데 지성은 거의 쓰지 않고 내 기분에 따라서만 산다면, 일들이 뒤틀어지고 뒤죽박죽으로 될 것입니다. 또 감성이 전혀 없다면 삶이 무미건조하고 허전해지겠지요. 의지적인 힘이 없다면 삶에 진보가 없고 일이 지지부진하게 될 것입니다. 이 세 가지 요소는 항상 균형을 잘 이루어야 합니다. 물론 주된 영역은 있겠지만, 나머지 영역과 어느 정도 균형과 조화를 이루어야만 내 삶에 균열이 발생하지 않습니다.

믿음 역시 이 기능의 조화와 연관되어 있습니다. 예를 들어 기분으로 믿는 사람은 정情적인 요소를 주로 사용합니다. 마음이 따뜻해지고 기분이 좋으면 믿음이 충만한 것 같고, 힘들고 두려워지면 믿음이 없는 것 같다면 감정에 따라 믿음이 좌지우지되고 있는 것이지요. 그렇다면 신앙생활에 지知와 의意가 거의 작동하지 않을 수도 있습니다. 그래서 믿음을 식별하는 방식 중 하나가 내 마음의 어떤 요소가 작동하는가를 잘 살펴봐야 합니다. 즉 지정의가 균형 있고 조화롭게 믿는 것이 진정한 믿음의 모습입니다.

나의 삶을 움직이는 '지정의'의 요소 중 내가 가장 많이 사용하는 영역은 무엇입니까? 균형이 잘 맞추어져 있나요? 비율은 어떤가요? 문제를 일으키거나 왜곡된 영역은 어디인가요?

지(　　)%, 정(　　)%, 의(　　)%

그리고 보니 삶의 영성은 하나님 중심적으로 3가지 행위의 내용을 잘 구성하는 것, 그 행동을 실현하는 도구인 지정의를 균형 있게 잘 훈련하는 것이 중요합니다.

동기 에너지

그 다음으로 중요한 것이 **지정의를 작동시키는 힘인 삶의 에너지입니다.** 동기나 갈망과 같은 것들이 이러한 에너지라고 할 수 있겠지요. 치유해야 할 사람 중에서 가장 어려운 사람이 바로 살고 싶은 에너지가 없는 사람들입니다. 예수님은 이 세상에 오셔서 자신이 살고 싶은 대로 살 수가 없는 사람들을 해방시키고 자유롭게 하는 일을 하셨습니다. 마치 인도의 카스트 제도처럼, 평생을 얽어매는 질병, 문맹, 출신, 인종, 성별 차이, 고정관념 등 삶을 무기력하게 하는 모든 억압으로부터 해방시켜 주신 것이 주요한 사역이셨어요.

진정한 종교는 **사람이 가지고 있는 가장 자연스러운 것, 가장 원하는 것, 가장 자신 있는 것을 발견하게 해줍니다. 그리고 그 발견한 것을 하나님과 함께 더 높고 거룩한 차원으로, 더 이타적인 차원으로 넓히고 높이고 깊게 만들어주는 것입니다.** 그렇게 되려면 먼저 모든 사람이 자신의 자유의지를 사용할 수 있는 기본 권리가 있어야만 하겠지요. 치유와 회복이 일어날 때 제일 먼저 시작되는 일이 자유로워지는 것입니다. 그리고 난 후에야 비로소 **그 자유를 가지고 하나님과 자신과 세계를 향해**

무엇인가를 할 힘이 생기는 것이지요.

그러므로 남들이 정한 기준이 아니라 정말 내가 원하는 것이 무엇인지, 나를 살아가게 하는 힘이 무엇인지 잘 알아차리고 살아야 합니다. 그런 다음에는 그 힘을 단지 이기적인 행복만을 위해 사용하는 것이 아니라 참된 신-참된 자기-참된 세계와 연결하도록 해야겠지요. 그럴 때 우리는 '영성이 있다, 정말 자기 가슴이 뛰는 일을 찾았다'고 합니다. 그래서 내가 정말 원하는 것과 하나님이 태초부터 예정하신 것이 연결되어 생성되는 그 에너지를 발견하고 매일매일 그것에 집중하는 것을 최우선 순위로 삼아야 합니다. 아침에 일어나서 그분의 말씀을 듣고, 기도하면서 말이지요.

"주님, 제 가슴 속에 깊이 숨어 있었던 보물을 발견하게 해주십시오. 제가 일상에 찌들어 사는 이 삶을 초월해서 당신이 내게 오는 것을 느낄 수 있도록 해 주십시오."

✳ 머물기

나를 살게 하는 에너지는 무엇입니까? 그것이 하나님이 내게 주신 소명과는 어떤 연관이 있을까요?

✳ 나누기

✱ 사랑의 기도

주여, 우리의 삶에 균형과 조화를 주소서.

온 세상 만물 가운데서 하나님을 보게 하시고
당신이 삼위일체의 신비 안에서 자기 부정을 통해
서로 교통하고 사랑하듯이 우리 또한 그러하게 하소서.

교회와 세상과 영혼을 사랑하게 하시고
누구의 말이나 귀 기울여 경청하게 하소서.

균형과 질서를 잃지 않게 하시고
언젠가 큰 자유의 날개로 나는 것을 허락하소서.

영성 일기

첫째 날

둘째 날

세째 날

네째 날

다섯째 날

여섯째 날

일곱째 날

7

*일곱.번째.만남

하나님과 나,
세계의 관계도

| 이끔말 |

| 묻고 탐구하기 |

      1-6강의 내용을 돌아보며 나의 믿음 성찰하기

| 영성의 지형도 그리기 |

      하나님-나-세계의 관계도 그리기

| 머물기 |

| 나누기 |

| 사랑의 기도 |

| 영성 일기 |

(이끔말)

나무를 보니 나도 확실한 믿음이 있어야겠다
어떠한 바람에도 흔들리지 않는 기둥이 있어
우러러 부끄러움이 없는 삶을 살다가 가야겠다
그러려면 먼저 깊은 뿌리를 내릴 수 있는 땅에
내 마음의 나무 한 그루 심어야겠다
눈과 비, 천둥과 번개를 말씀으로 삼아
내 마음이 너덜너덜 닳고 헤질 때까지
받아 적고 받아 적어 어떠한 소리에도 귀 기울이지 않는
침묵의 기도문 하나 허공에 세워야겠다
남들이 부질없다고 다 버린 똥, 오줌
향기롭게 달게 받아먹고 삼킬 수 있는 나무,
무엇을 소원하지 않고 살아갈 수 있는 나무,
누구에게나 그늘이 되어주는 나무,
그런 나무의 믿음을 가져야겠다
하늘 아래 살면서 외롭고 고독할 때
눈물을 펑펑 흘리며 울고 싶을 때
못 들은 척 두 귀를 막고 눈감아 주는 나무처럼
나도 내 몸에 그런 믿음을 가득 새겨야겠다

― 임영석, '믿음에 관하여'

(묻고 탐구하기)

첫 번째 만남부터 여섯 번째 만남에 이르기까지 함께 나누었던 내용을 돌아보면서 나의 현재 믿음과 연관지어 봅시다.

1. 나는 하나님과 나 자신, 이웃에 대해 얼마나 마음이 열려 있습니까? 소통에 대한 나의 태도는 어떠하며 개방도 점수는 진보가 있었나요? 나는 언약서에 서명한대로 약속을 잘 지켰나요?

2. 영성의 두 길에서 나의 믿음의 경향은 어떠했습니까? 왜곡된 점들은 주로 무엇이었으며 개선이 된 부분이 있었나요?

3. "나는 나다." 스스로 계신 하나님을 경험하게 되면 가장 나다운, 내게 꼭 맞는 영성을 발견하게 됩니다. 가장 나다운 모습은 무엇인가요? 내 안에 있는 갈망은 무엇이고, 그 갈망을 가지고 하나님과 함께 성장한다는 것은 어떤 의미로 다가오나요?

4. 과거를 성찰하고 미래를 꿈꾸지만, 지금 여기를 충실하게 살아간다는 것이 현재 나의 삶에 어떤 모습으로 다가오나요? 내가 주체가 되어 하나님과 함께 그분 안에서 살아간다는 것, 없지만 있는 실상의 존재와 세계를 바라보면서 살아간다는 것이 나의 삶에 의미하는 바를 생각해봅시다.

5. 만들어진 신과 참된 신, 거짓 나와 참된 나, 현상과 기복으로 환원된 세계와 하나님 나라의 이중성에 대해 어떻게 생각하고 있나요? '오직'을 중심으로 한 종교개혁 영성이 나의 믿음에 의미하는 바는 무엇입니까?

6. 삼위일체 하나님에 대해 새롭게 배운 것은 무엇이며, 그 배움이 나의 믿음에 준 영향은 무엇인가요? 그리스도의 몸인 교회가 분열된 현상들을 성찰하고 나에게 있어서 균형과 왜곡의 영역은 무엇인지 살펴봅시다.

(영성의 지형도 그리기)

하나님과 나, 세계의 관계 지수를 그래프로 그려 봅시다.

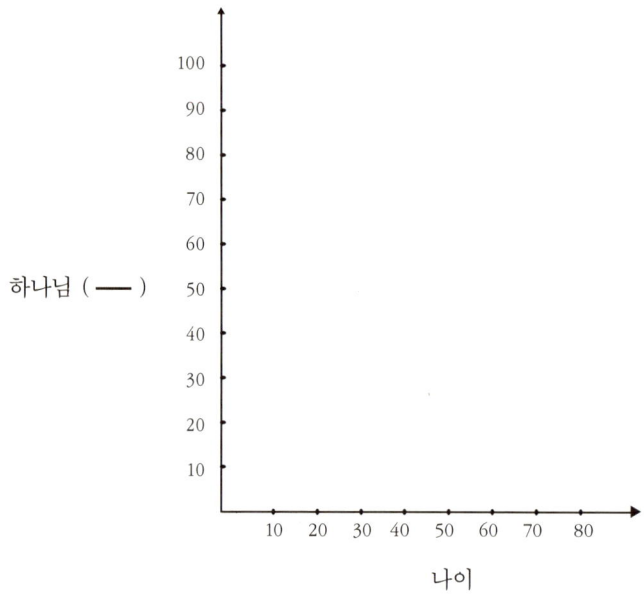

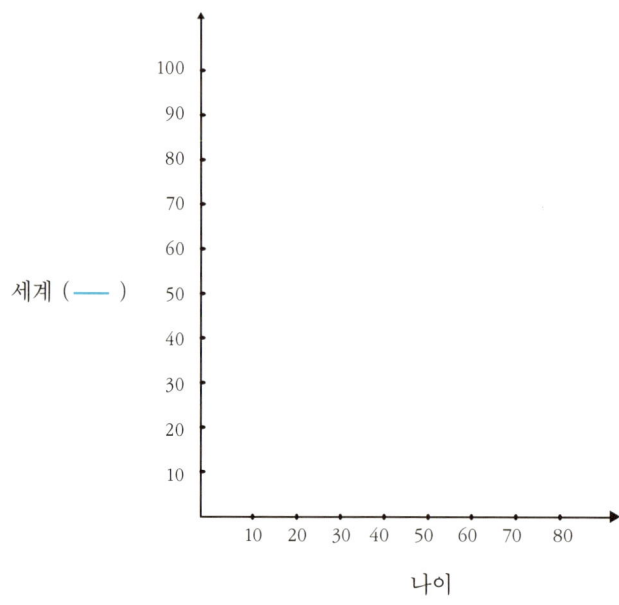

나 (……)

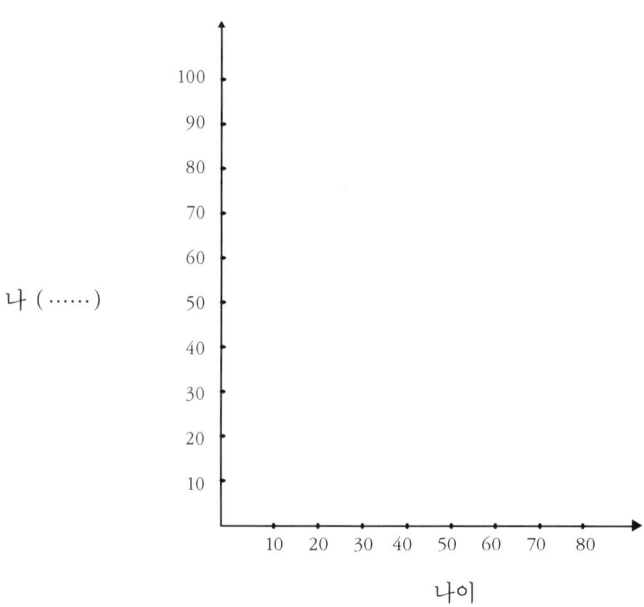

세 개의 곡선이 하나로 일치된 관계 구조도를 그려 봅시다.

하나님-세계-나

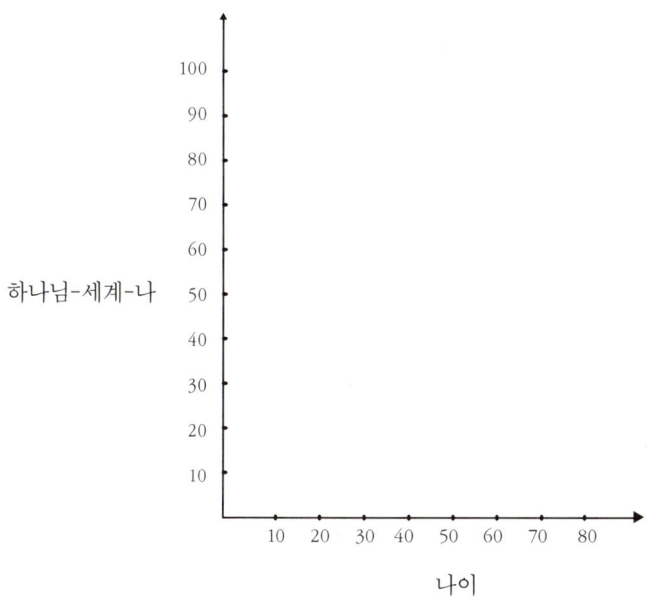

머물기

나누기

1. 함께 하면서 서로에 대해 느꼈던 귀한 점, 소중한 마음, 칭찬거리를 말해 줍니다.
2. 맛있는 식사를 하며 마음을 나누어 봅니다.
3. 알림-영성학교의 다음 과정은 지금까지 배운 영성의 원리에 맞추어
    1) 자기의 내면, 동기, 기질, 성향, 뇌체질, 스윗 스팟 등을 다루는 자기분석-**나는 누구인가**를 배웁니다. 2) 다른 사람과 관계할 때 나타나는 요소들과 그 요소들의 적정범위와 왜곡된 부분을 성찰하고, 관계 안에서 하나님의 임재를 드러내는 법을 다루는 관계분석-**행복한 관계 만들기**를 배웁니다.

✱ 사랑의 기도

주님, 저희들에게 '삶이라는 학교'를 허락해 주심을 감사합니다.

우리가 배운 것이 지식으로 끝나지 않고, 하루 스물네 시간인 이 학교에서 하나님이 허락하신 교육과정을 충분히 잘 배우고 경험하게 하소서.

한번 뿐인 삶입니다. 때로 넘어질 지라도 당신의 손을 잡고 다시 일어나서 배우게 하소서.

지금 여기보다 더 나은 곳은 없다는 것을 알게 하소서. 늘 묻고 탐구하고 머물고 경청하면서 우리의 삶에 숨은 신비를 더 깊이 깨닫게 하옵소서.

신나는 삶의 놀이판을 허락하신 예수님의 이름으로 기도합니다. 아멘.

✷ 영성 일기

첫째 날

둘째 날

세째 날

네째 날

다섯째 날

여섯째 날

일곱째 날

영성학교* 커리큘럼

기본 1과정

    1. 영성, 그 놀라운 세계

    2. 나는 누구인가

    3. 행복한 관계 만들기

기본 2과정

    1. 영적 성장과정

    2. 비전 선언문

    3. 창조적 시간과 공간

    4. 영성 기도

심화 1과정

    1. 꿈 기억 해석

    2. 성서의 맥 짚기

    3. 영성사 패러다임

심화 2과정

    1. 종교개혁 교리를 다시 보기

    2. 뇌와 종교교육

영성학교 커리큘럼

나다영성연구소에서 실시하는 교육을 소개합니다.

기본 1과정

1. 영성, 그 놀라운 세계(7강)

영성에 대한 기본적인 원리를 이해하는 과정으로, 이 책에서 다루는 내용을 구체적인 삶의 현장과 연결하여 묻고 답하는 방식으로 공부합니다.

2. 나는 누구인가(3강)

에니어그램을 중심으로 자기의 내면, 동기, 기질, 성향, 뇌체질, 스윗 스팟 등을 다루는 자기분석 과정입니다. 가장 나다운 영성, 자기 부정의 방향과 성장, 갈망의 요소들을 삶에서 발견하기 위한 공부입니다.

3. 행복한 관계 만들기(3강)

다른 사람과 관계할 때 나타나는 요소들과 그 요소들의 적정범위와 왜곡된 부분을 성찰하고, 관계 안에서 하나님의 임재를 드러내는 법을 배웁니다.

기본 2과정

1. 영적 성장과정(3강)

신구약 성서에 나타난 영적 성장의 과정과 패러다임 전환의 이치를 살펴보고, 나의 영적 성장에 비추어 분석해 봅니다.

2. 비전 선언문(3강)

명사와 동사를 중심으로 내게 가장 끌리는 역할과 활동을 살펴보고, 비전을 구체화하며, 실현에 장애가 되는 요소들을 나눕니다.

3. 창조적 시간과 공간(3강)

지금까지의 시간 구성을 성찰하고 영성적 시간과 공간으로 재구성해 봅니다. 구체적인 100일 달력을 만들어 봅니다.

4. 영성 기도(3강)

렉시오 디비나를 비롯하여 침묵기도, 호흡기도, 집중기도, 보는 기도 등 다양한 기도를 배우고 실제로 해 봅니다. 내게 가장 잘 맞는 기도의 방법들을 탐구합니다.

심화 1과정

1. 꿈 기억 해석(이론 5강, 실제 7강)

꿈과 환상을 체험하고 해석의 원리를 배웁니다. 개성화의 관점, 목적론적 관점, 인과론적 관점을 통해 성서적이고 영성적인 해석의 원리를 공부합니다. 구체적인 삶에서 구체적으로 뜻을 보이시는 하나님의 놀라운 섭리를 이해하게 됩니다.

2 성서의 맥 짚기(12강)

성서 전체를 하나님과 세계, 개인의 관계구조를 중심으로 공부합니다. 통독과 함께 통전적으로 성경의 맥을 꿰는 관점을 접하게 됩니다.

3. 영성사 패러다임(12강)

기독교 영성 역사를 영적 패러다임의 전환을 중심으로 살펴보는 공부입니다. 다양한 영성 전통과 사상, 공동체들이 어떤 맥락에 자리하고 있는지를 알게 됩니다.

심화 2과정

1. 종교개혁 교리를 다시 보기(12강)

루터, 칼빈, 웨슬리 등의 종교개혁 사상을 배우고 나누고 토론하는 과정입니다. 종교개혁 교리가 말하려고 했던 복음의 원리를 영성적 시각에서 다시 살펴보고 복음적 영성의 초석을 다집니다.

2. 뇌와 종교교육(7주)

양뇌의 구조를 이해함으로써 통전적이고 효율적인 종교교육의 이치와 방법을 구체적으로 배웁니다. 기독교교육을 담당하는 교사, 자녀를 영적으로 양육하고자 하는 부모들에게 유익한 과정입니다.

영성학교 1 | 영성, 그 놀라운 세계

초판 인쇄　2012년 5월 27일

지은이　　김화영
꾸민이　　김태은, 박연숙
펴낸곳　　나다영성연구소
발행한 곳　나다북스
출판등록　2008년 1월 9일 제2008-000002호
주소　　　서울시 양천구 목2동 520-30 남일빌딩 2층
전화번호　02-2644-5121

ISBN 978-89-960779-3-0

*책 내용의 일부 또는 전부를 재사용하려면 반드시 저작권자와
 나다영성연구소의 동의를 얻어야 합니다.